2000万円貯めるための「攻め」と「守り」のお金の図鑑

An Illustrated Guide to "Offensive" and "Defensive" Money

著者
ねこみち

KADOKAWA

まえがき

「お金を貯める」と聞くと
“努力”や“我慢”を思い浮かべる人が多いと思います。
僕も以前はそう思っていました。
でも、お金を貯めるために本当に大切なことは、
努力や我慢ではなく、お金を貯める「近道を知る」ことです。

貯蓄には、収入を増やす攻めと、支出を抑える守りがあります。
攻めは投資。ただし、効果的な投資とそうでない投資があります。
守りは節約。節約にも、効果的な節約と効果が薄い節約があります。
何も知らないと資産形成は遠回りになり、時間も手間もかかります。
お金を貯める近道を知ってほしい。
そんな想いを込めて書いたのがこの本です。

はじめまして。ねこみちと申します。
Twitterで資産形成に役立つ図解を発信しています。
もともと貯金が大の苦手だったので
貯金ができない人の気持ちが痛いほどよくわかります。
また、経理歴17年ですが、難しい話が苦手です。
自分のような人でもわかるように、これまでTwitterで
発信してきた「サクッと、気軽に学べる図解」の
資産形成のコツとポイントをわかりやすく本書でまとめました。
この中から、ご自身でできる方法を積極的に取り入れていただき
「お金を貯めるって実はそんなに難しくない」に
気づくキッカケにしてもらえたら、これ以上の喜びはありません。

contents

「知らなかった」ではすまない 厳しいリアル

会社員の収入は減っている … 7

家計を圧迫する支出は増えている … 8

こんなんで、老後はどうなるんだっ？ … 10

厳しい現実に、ちゃんと備えている人は少ない!? … 12

攻める！ お金を増やすための「投資術」

だから「投資」を勧めたい … 15

20代の時にやっておけばよかった！ TOP10 … 16

「投資」って何？「投資家」って誰？ … 18

「貯蓄から投資へ」でお金が増える … 22

どうして利益が出るの？　お金が増える仕組み … 24

投資の初めの一歩は「投資信託」がイイ … 30

投資信託にはいくつも「商品」がある … 32

投資の利益に税金ゼロのオトクな制度 … 36

COLUMN 万が一、証券会社が潰れたらどうなるの？ … 38

NISA（少額投資非課税制度） … 39

「NISA」で投資のオトクをゲット！ … 40

2024年、「新NISA」が始まる … 44

「小さくコツコツ」に合うつみたてNISA … 48
つみたてNISA　どこで、どう始めるか … 54
STORY ねこみちの苦い苦い失敗談と、学んだこと … 59
さあ、つみたてNISAで投資信託を買おう … 60
リスクを理解しないと投資信託は買えない … 68
つみたてNISAはほったらかしでOK! … 70
COLUMN 投資信託を名前だけで決めないで … 74

iDeCo（少個人型確定拠出年金）… 75
「iDeCo」とは自分で運用する年金のこと … 76
iDeCoの最大のメリットは税金が安くなること … 78
積立サイクルは自分で決める … 84
60歳になったらお金を受け取る … 88
COLUMN iDeCo、NISA、つみたてNISAのおさらい … 90

守る！ お金を減らさないための「防衛術」

「節約」「節税」で支出を減らす … 93
お金が「ある」人／お金が「ない」人 … 94
小さな節約より大きな節約　3大支出を見直そう … 96
税金だって節約できる！　基本を知って「節税」を！ … 100
小さな出費に無頓着だとお金が貯まらない体質に … 106
COLUMN 「1000万円以上貯金した」経理社員の特徴 … 108

知っておきたい「社会保険」… 109
私たちはすでに多くの保険に加入中！ … 110
老後の収入の柱になる自分の「年金」を把握しよう … 118

副業、勉強、ふるさと納税など … 121

先行き不透明だから…副業のススメ … 122

「ふるさと納税」で食費を浮かす … 126

支払い方もいろいろ　自分に合ったカードは？ … 128

オトクな情報を集めよう、勉強しよう … 130

COLUMN 年末調整って何を「調整」している？ … 132

「資産形成」できるか否か！ ここがポイント

賢者の資産形成／愚者の資産形成 … 135

貯金に成功する10ステップ… 136

貯金が続く人／貯金が続かない人 … 138

浪費癖がない人／浪費癖がある人 … 139

資産形成に成功する人の特徴 … 140

資産家の倹約エピソード … 141

親が元気なうちに聞いておこう … 142

ねこみちが捨ててよかったと思うモノ16選 … 143

デザイン	Q.design	校正	みね工房
イラスト	夏壱あーる	編集	仲田恵理子
DTP	村岡志津加（Studio Zucca）	編集協力	飯田みか
執筆協力	坂本君子	ストックイラスト	shutterstock

・掲載内容は記載がない限り、2023年5月25日のデータをもとに編集しています。記載された情報に関しては万全を期しておりますが、内容を保証するものではありません。サービスなどの最新情報については、各企業のサイトなどでご確認ください。
・金融機関の商品や金利、各種手数料、公的制度、税金などは変わる場合があります。
・投資は元本を保証するものではありません。本書は著者の経験や知見に基づいた情報を掲載していますが、あらゆる意思決定·最終判断はご自身の責任でしてくださるようお願いします。ご自身の資産運用で損害が発生した場合、著者および株式会社KADOKAWAは一切責任を負いかねることをご了承ください。また、本書は特定の金融・投資商品を推奨するものではありません。
・本書ではCASIOのkeisanサイトや金融庁のサイトで金額を算出していますが、シミュレーションソフトによって金額には違いがあります。
・数値は四捨五入して記載している場合があります。

Prologue
「知らなかった」では すまない厳しいリアル

コレが20年前からの日本の変化だっ！

1990年代半ば、日本の景気は急降下しました。いわゆる「バブル崩壊」です。それまでのイケイケどんどんの雰囲気は一変し、大手の証券会社や銀行が潰れ、恐れをなした企業はリストラや給料カットを始めました。それからず──っと日本経済は停滞が続いて、会社員の収入はなかなか上がらない状況です。

会社員の収入は減っている

平均年収

467万円
1997年

DOWN 7%

433万円
2020年

バブル崩壊からデフレへ。年齢を重ねても給料が上がらない事態に。非正社員の増加の影響もある。

出典：国税庁「民間給与実態統計調査」

平均退職金（大卒・大学院卒）

2871万円
1997年

DOWN 38%

1788万円
2018年

企業の儲けが減り、退職金も減少。これには終身雇用が崩れ、勤続年数が短くなった影響もある。

出典：厚生労働省「賃金労働時間制度等総合調査」「就労条件総合調査」

家計を圧迫する支出は増えている

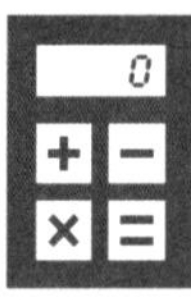

税金・年金

	2004年		2022年
厚生年金率（労使で折半）（日本年金機構発表）	13.6%	UP	18.3%
金融所得課税（金融庁発表）	10%	UP	20%
消費税	5%	UP 8% UP	10%

消費税アップは大騒ぎになるけれど、給料から天引きされる健康保険料や年金はさりげなく大幅増加。2022年度の国民負担率（所得に占める税金や社会保険料の割合）は47.5%！ 増えない給料から約半分も引かれている!?

大学の学費

私立大学の年間授業料

1980年		2021年
36万円	UP	93万円
4年間144万円		4年間372万円

出典：文部科学省『私立大学等の令和3年度入学者に係る学生納付金等調査結果』

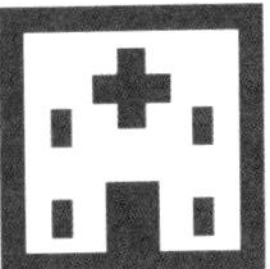

大病院の特別料金

下は最低料金で
実際の料金は
病院によって異なる

全額自己負担

		2021年		2023年
医科	初診料	5000円	UP	7000円
	再診	2500円	UP	3000円
歯科	初診料	3000円	UP	5000円
	再診	1500円	UP	1900円

紹介状を持たずに大きな病院を受診すると、特別料金がかかります。2022年、それがさらに値上げされ、医療のハードルはさらに高くなりました。

こんなんで、老後はどうなるんだっ？

年金はどのぐらいもらえる？

65歳

フリーランス

月 約5.6万円

独身会社員

月14.6万円

片働き会社員夫婦

月20.2万円

共働き会社員夫婦

月29万円

80歳

生存割合

78.1%

981万円必要

これが老後のリアルですね

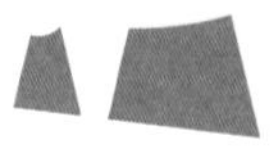

出典：「令和2年度厚生年金保険・国民年金事業の概況」

何歳まで生きる？
長生きするなら、軍資金はこれだけ必要

金融担当大臣の「老後2000万円必要」発言は2019年、センセーションを巻き起こしました。2000万円の根拠は総務省の「家計調査報告」（2017年）で、年金暮らしの夫婦世帯なら［収入20万9198円－支出26万3717円＝－5万4519円］（毎月足りない生活費）となり、5.5万円×老後30年間で、不足額が約1963万円と計算したから。何歳まで生きるかでも違いますが、年金を受け取る65歳の段階で夫婦に必要な貯金は下記のとおり、という国の単純計算です。

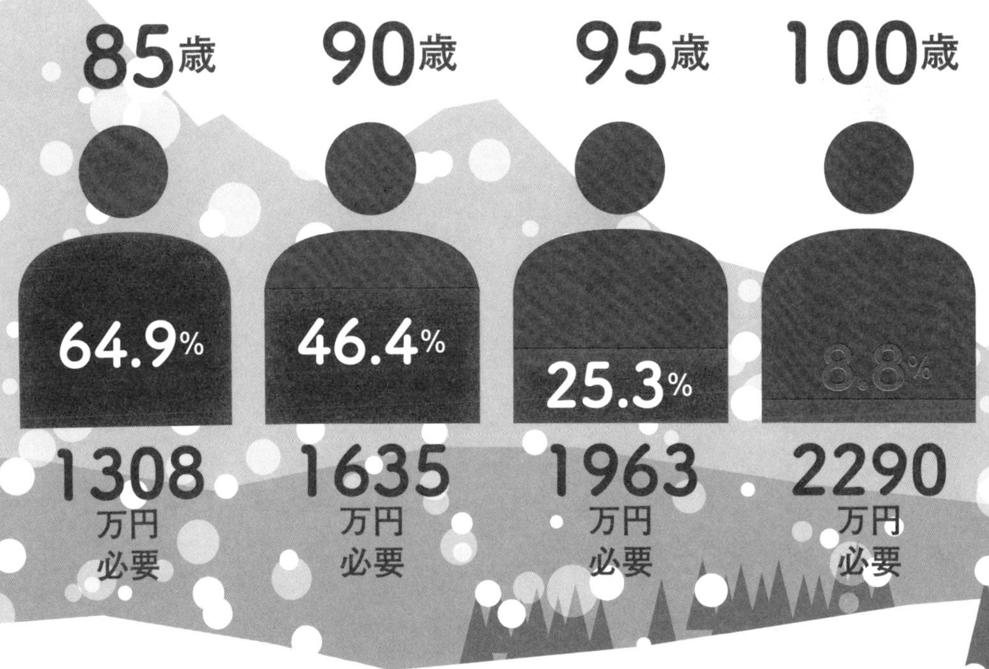

＊月の不足額を5.5万円とした場合の算出
＊生存割合の出典：国立社会保障・人口問題研究所「将来推計人口」

厳しい現実に、ちゃんと備えている人は少ない!?

50代でも40%!?　貯金0円世帯は多い

（単身世帯）

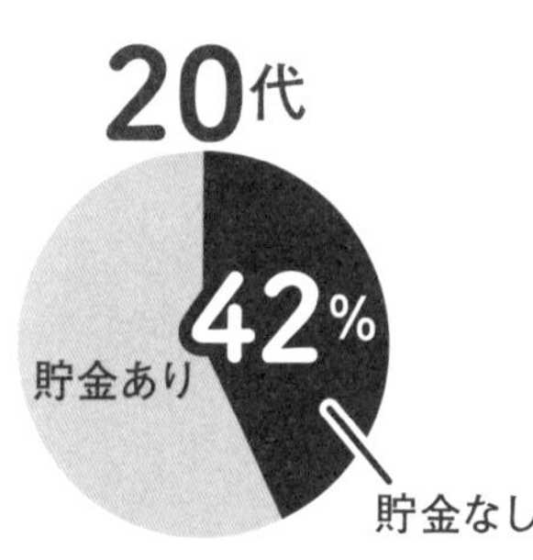

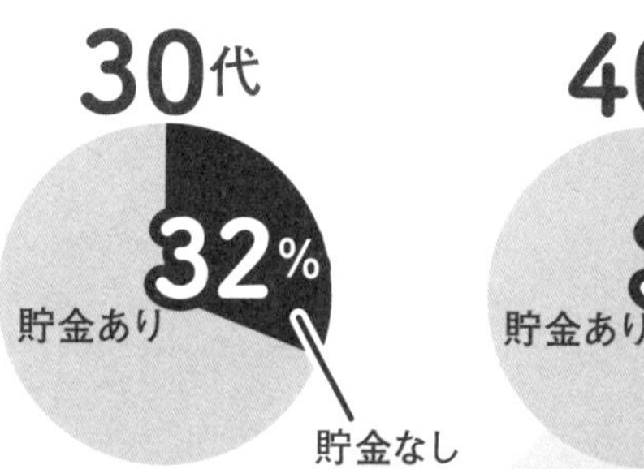

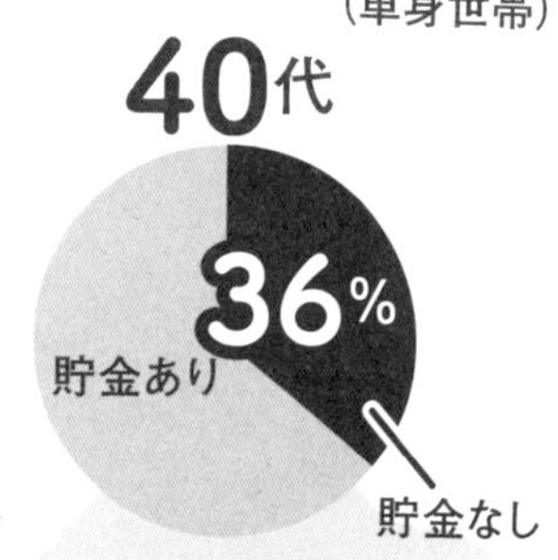

出典：金融広報中央委員会「家計の金融行動に関する世論調査［単身世帯調査］（令和４年）

50代
40%
貯金あり
貯金なし

60代
29%
貯金あり
貯金なし

そろそろアタマを切り替えよう！誰でも貯金はできる！

年齢を重ねても貯金増えてないの!?

日本の個人金融資産は2005兆円。貯金ゼロの人がいる一方で、多額の貯金をしている人もいるわけですね。

お金の勘違いにさようなら

低収入で
貯金はムリ

低収入でも複利の投資で8桁以上の資産ができる

勘違い

宝くじで早期
リタイヤできる

宝くじの高額当選者の7割は自己破産したらしい

出典：National Endowment for Financial Education.
（Jan.12,2018）

投資は危険

リスクが少ない投資はある。やらないリスクの方が高い

銀行預金は安全

現金もインフレで大きく価値が変動する

高収入＝
お金持ち

年収1000万円の人の1割は貯金ゼロらしい

出典：金融広報中央委員会「家計の金融行動に関する世論調査」
（令和３年）

お金があれば
幸せ

たくさん稼ぐと仕事のストレスも多くなる

攻める！

お金を増やすための「投資術」

だから「投資」を勧めたい………… 15

NISA（少額投資非課税制度）…… 39

iDeCo（個人型確定拠出年金）…… 75

だから
「投資」を
勧めたい

30代、40代に聞いた"後悔"

20代の時にやっておけばよかった！TOP10

1位
投資

2位
資格取得

3位
旅行

今からでもいい！
お金にも一緒に
働いてもらおう！
それが「投資」だっ

出典: Spicomi「20代後悔ランキング調査」https://spicomi.net/media/articles/3694

後悔しているのは、（旅行を除けば）お金やスキルアップに真剣に取り組まなかったこと。でも約7割の人はその後、行動を起こして取り組んだことが同調査からわかりました。あなたもけっして遅くはありません！

投資の本質を
理解すれば、
方法を間違えない

「投資」って何？「投資家」って誰？

投資の目的はズバリ、お金を増やすこと

すぐ使えるように
お金を置いておくこと

貯金

利益を得るために
お金を出すこと

投資

今の100万円を

貯金すると
2倍になるまで7万2000年かかる
（金利0.001％の場合）

投資すると
2倍になるまで18年かかる
（年利4％の場合）

なぜお金を増やす必要があるの？

給料が増えないから

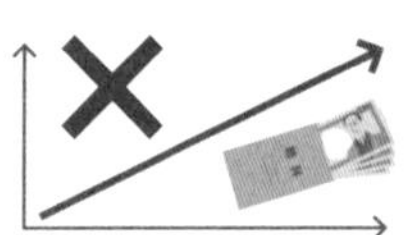

お金の価値が減るから

年金が減ってるから

月17.6万円（2000年）→ 月14.4万円（2019年）

出典：厚生労働省「公的年金財政状況報告 令和元（2019）年度」

退職金が減ってるから

2499万円（2003年）→ 1788万円（2018年）

出典：大学・大学院卒の定年退職「就労条件総合調査」（厚生労働省）

インフレでお金の価値は減る

物価が年3％
上昇したら

1000万円（今）→ 553万円（20年後）

会社のお金は投資家に流れる

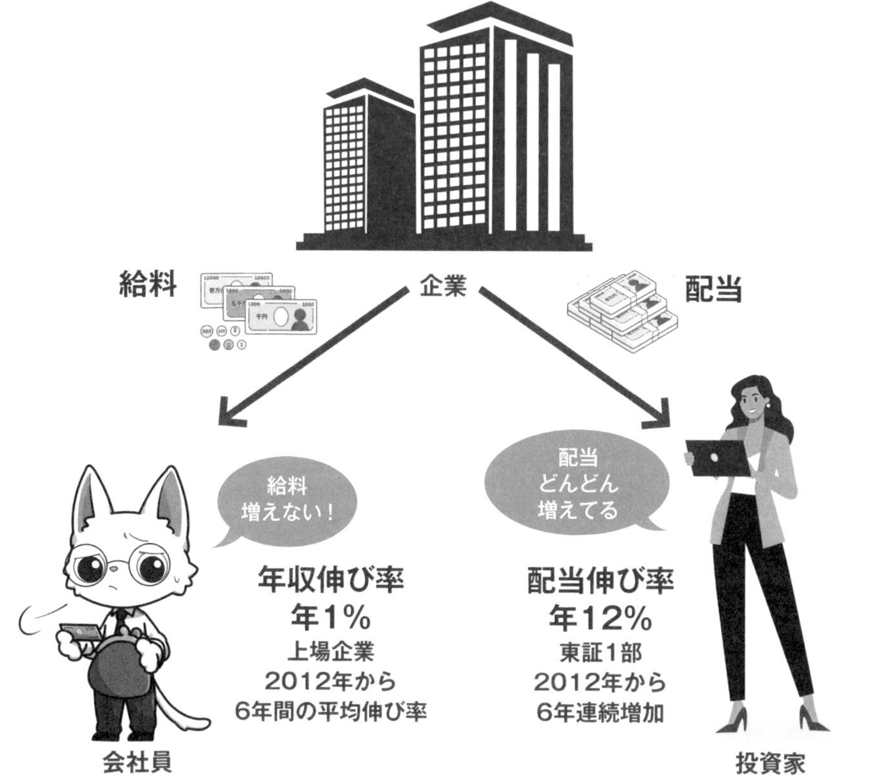

出典：「上場企業の平均年収692万円　1%増、配当の伸び下回る」日本経済新聞オンライン2019.10.21

会社員と投資家の二刀流でいこう！

会社の儲けは「会社に残る」「社員に給料で配られる」「株主に配当で配られる」の3つに分けられています。でも、皆さんも感じているように、たとえ会社が儲かっても、そこで働く会社員の給料は上がっていません。

ところが決算で会社が儲かったことがわかると、株主は「配当を出せー！」と言います。株主は社員よりも立場が強い存在（会社の所有者の一人）なので、会社は社員よりも優先して株主にお金を配っていて、その伸び率は6年連続増加の年12%となっています。

つまり、**世の中のお金は会社員ではなく、投資家に流れるような仕組みになっている**のです。何を隠そう、このような社会を「資本主義」といいます。

今や誰でも簡単に投資家になれる時代なので、これからは**会社員と投資家の二刀流**でお金を効率的に増やしていきましょう。

投資は早い者勝ち！

早く始めるほどお金は増える

若い世代は、お金がなくても、これからお金を増やす時間がたっぷりあります。積立方式で投資をすれば、ジタバタしなくてもお金がお金を生んで（これが「複利の力」！）増えていきます。今がいちばん若いので、始めるなら「今日からです！」。

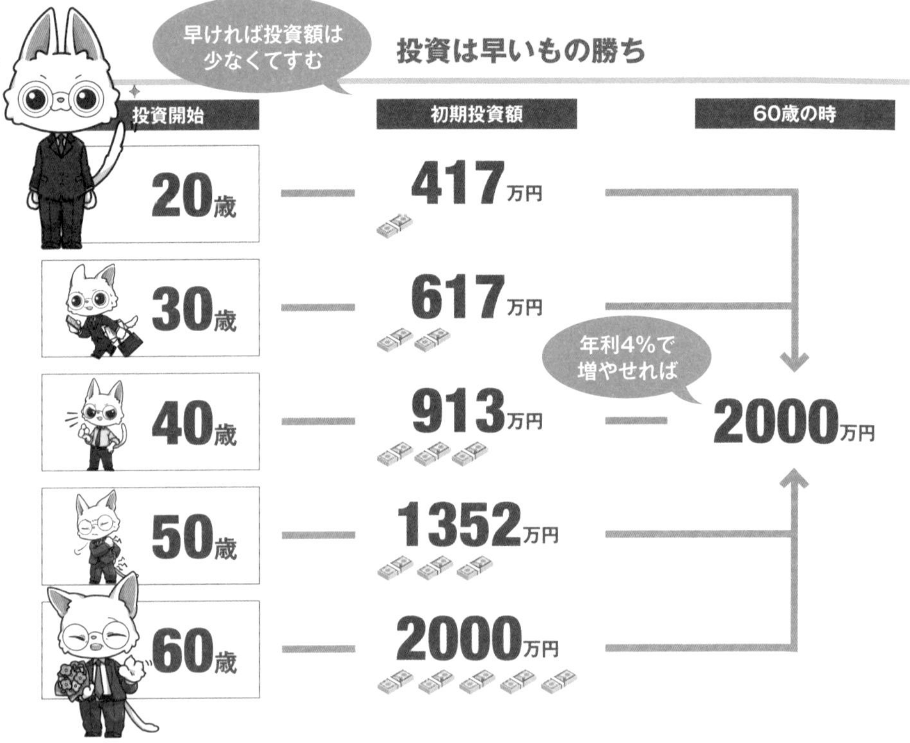

ただし、資産運用は自己責任で

「経済成長率」という言葉を聞いたことがありますね。2000～2019年の統計（国際通貨基金）ですが、世界経済成長率の平均は3.8%です。では、投資をした場合の増え具合は3.8%よりも高くなると思いますか？　低くなると思いますか？　残念ながら誰にもわかりません。増えるかどうかすらわかりません。投資の責任は自分にある、というわけです。とはいえ、ある投資信託のリターンは3年で20.37%（後述する「eMAXIS Slim全世界株式（オール・カントリー）」2023年4月7日時点）。世界経済成長率をはるかにしのぎます。上の図は年利4%で増えるという仮定ですが、実際は……経済学者でもわかりません。

投資商品にはいろいろな種類がある

❶ 小リスクの投資商品

国にお金を貸して利息をもらう

国債

企業にお金を貸して利息をもらう

社債

国債と社債は金利が決まっているので、元本は減らないが大きくは増えない

❷ 中リスクの投資商品

「上場」している投資信託

ETF

一般的な投資信託

投資信託

ETFと投資信託は複数の金融商品のパッケージ商品なので、ミドルリスク・ミドルリターン

❸ 高リスクの投資商品

国内の会社の株主になる

国内株

トヨタ
TOYOTA
ファーストリテイリング
UNIQLO
任天堂
Nintendo

海外の会社の株主になる

外国株

amazon
TESLA
Apple

外貨を売買してその差分の利益を得る

FX

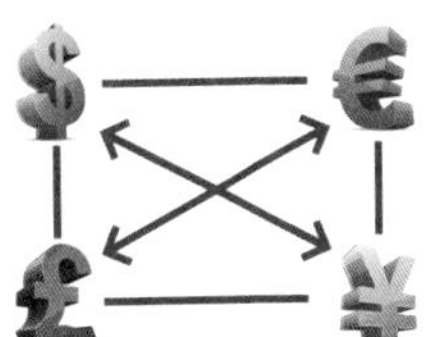

価格変動差などを利用して利益を得る

仮想通貨

個別の企業の株は上がったり下がったり値動きが激しい。FX（外国の通貨に投資）と仮想通貨はギャンブル性が高くハイリスク・ハイリターン。短期間で大損する可能性あり

「株は怖い」という
先入観を捨てれば
資産は増える

「貯蓄から投資へ」でお金が増える

200年の歴史に学ぼう！　株は増え、現金は……

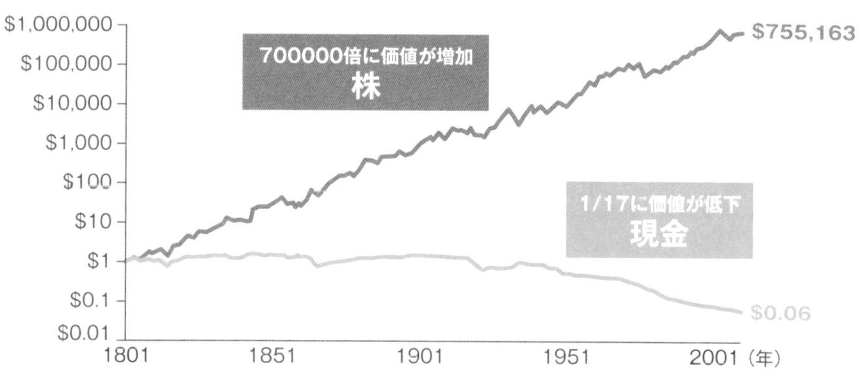

JEREMY. J. SIEGEL "STOCKS FOR THE LONG RUN"より作図

アメリカでは貯蓄の半分を株で運用するのが当たり前

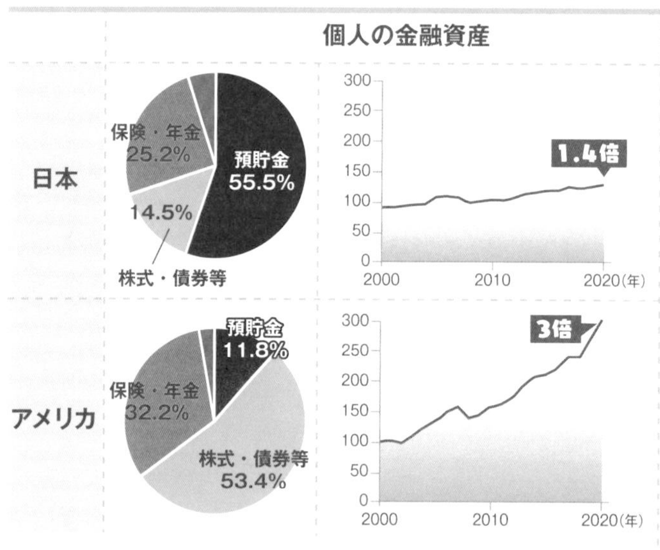

出典：岡三Naviハイブリッド「個人の金融資産、日米で差が開き続ける理由は？」(岡三証券)

アメリカでは「自分の生活は自分で守る」という自己責任が徹底し、投資に対する考え方が日本とまったく違う。銀行にお金を預ける“貯金主義”の日本と、株や不動産に投資しながら資産運用する“投資主義”のアメリカとの差が、資産の伸びの差に繋がっている。

“現金主義”から脱却しよう

「投資は早いもの勝ち」と書きましたが、だからといって、すぐにお金が増えるわけではありません。定期預金とは異なり、投資では毎月積み立ててもお金が減ることもあります。時にはリーマン・ショックやコロナ・ショックのようなショッキングな出来事で、お金がガックリ減ってしまうことも……。けれども、企業は時間をかけて盛り返し、やがてまた成長しだすことでしょう。

つまり、投資は焦らず、長～い目で見て、お金が増えたらそれでよし。現金はずっと現金のままなので、長く持っていてもちっとも増えません。

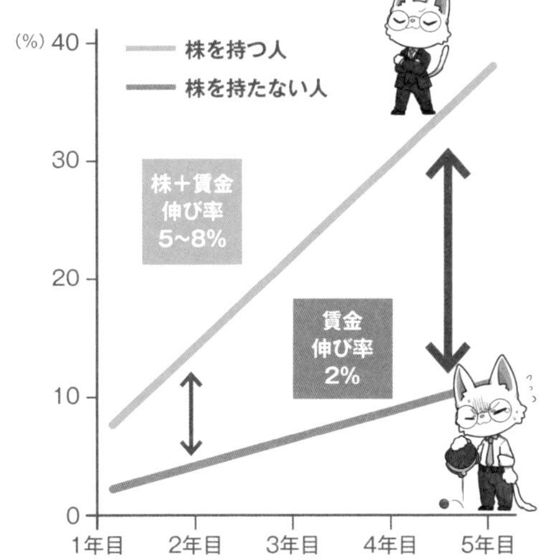

株式会社は儲けるために仕事をしているので、業績は上下しながらも右肩上がりで成長する。その右肩上がりの波に自分のお金を乗せるのが株式投資。

出典：『21世紀の資本』トマ・ピケティ（みすず書房）より作成

まとめ　ねこみち

昔と違って今は銀行金利がほぼ0％の時代。銀行に預けるのはもったいない。銀行で「お金を寝かす」のではなく、投資で「お金に働いてもらう」時代。株を持つ人と持たない人の格差は広がるばかりです

投稿：ネコヤナギさん

投資は損するようで怖い(・_・;　ホントにお金が増えるの？

返信：ねこみち

投資にも種類があり、リスクの低いものもたくさんあります。損が怖ければ、リスクの低い投資からスタート。「投資を始めること」が大切です

投稿：まねきねこさん

私、もう年だし、出遅れちゃったよ～～（汗）

世界一の投資家として知られるウォーレン・バフェット氏は、今の資産の99％を50歳以降に築いています。50 ～ 60代でも大丈夫！

仕組みを知れば
選ぶべき道筋も
見えてくる

どうして利益が出るの? お金が増える仕組み

投資での増え方は2通り

インカムゲイン	キャピタルゲイン
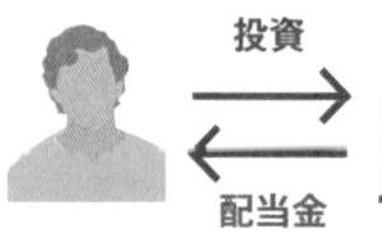 投資 / 配当金	 100万円投資 / 150万円で売却
株の配当金や債券の利息のこと	投資の売却利益のこと
インカムゲインの特徴	**キャピタルゲインの特徴**
 リスクが低い	 リスクが高い
 簡単	 難しい
 利益率は低い	  大きく稼げる/大損失どちらの可能性もあり
 利益は何度も得られる	 利益は売却時の1回のみ

株は株価が安い時に買って、高い時に売れば儲かります。その利益を「キャピタルゲイン」といいます。

でも、今の株価が高いのか安いのかは誰にもわかりません。安いと思って買っても、その後それ以上に安くなれば、そこで売ったら損することに。だから「キャピタルゲイン」を狙う投資法は損をする可能性も大きく、とても難しいのです。

一方、株を持つと「株主」となり、配当金がもらえます（出さない会社もある）。それが「インカムゲイン」。インカムゲインの利益率は低いですが、損する可能性は低くなります。

難しいキャピタルゲインだけより、**キャピタルゲインとインカムゲインをバランスよく使う**のが賢い方法です。

投資にも「単利」と「複利」がある

単利　毎年同額の利子が増える

1年目　2年目　3年目

利子　5万円　5万円　5万円

元本　100万円　100万円　100万円

30年目の利子は　5万円

複利　年々利子が増える

1年目　2年目　3年目

利子　5万円　5.3万円　5.5万円

元本　100万円　105万円　110.3万円

30年目の利子は　21万円

利息の計算方法に「単利」と「複利」の2種類があるのを知っていますか。

単利の場合、元本に対して1年分の利息がつき、その利息を元本には入れません。つまり、元本部分はずっと同じ金額です。

一方、複利とは、1年分の利息がついたら、その利息を元本に組み入れること。次の1年は「最初の元本＋1年目の利息」に対して利息がつき、その次の年は「最初の元本＋1年目の利息＋2年目の利息」に利息がつくので、元本が増えていきます。

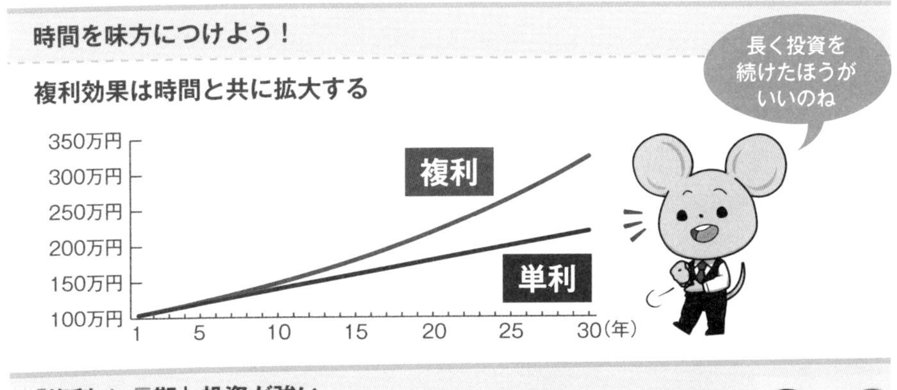

「複利 ＋ 長期」投資が強い

100万円を年利4%で運用したら　 単利　30年後 220万円　複利　30年後 324万円

投資信託には、**運用益などの一部を毎月分配金として現金で受け取る「（毎月）分配型」**と、**運用益を再投資する「再投資型」**があります。

再投資型なら、運用で得た利益や分配金を再び投資することで、元本が徐々に増えていき、「投資の複利効果」が増していきます。「利益が出ないから」と投資をすぐやめてしまう人も多いのですが、複利の力を知れば、それがもったいないとわかるでしょう。

投資の「リスク＝危険」は大きな勘違い

投資の「リスク」とは「振れ幅」のこと

出典：三井住友DSアセットマネジメント　市川レポート（2022年10月12日）

こうやってリスクは小さくできる

分散させる		長期投資する
資産を分散	買うタイミングを分散	収益が安定しやすい（複利効果も効いてくる）

短期 → 長期

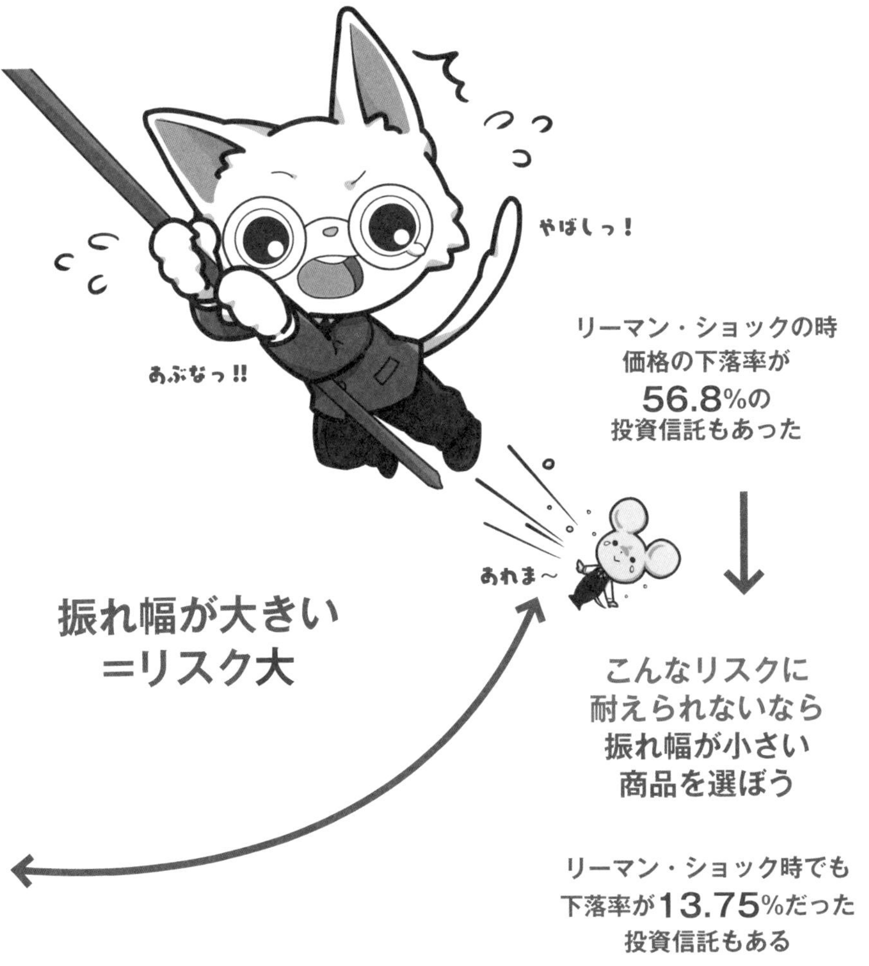

やばしっ！
あぶなっ!!
リーマン・ショックの時
価格の下落率が
56.8%の
投資信託もあった
あれま～
振れ幅が大きい
=リスク大
こんなリスクに
耐えられないなら
振れ幅が小さい
商品を選ぼう
リーマン・ショック時でも
下落率が13.75%だった
投資信託もある

損することがリスクではない

「投資にはリスクがある。“リスク＝損”だから投資は怖い」と二の足を踏んでいる人が多いのですが、それは大きな勘違いです。

たしかに投資にはリスクがあるのですが、このリスクが意味するのは「損」ではなく、振り子の「振れ幅」です。つまり、「リスクが大きい＝振れ幅が大きい」ということ。

投資の商品には、大きく値段が動く（揺れ幅が大きい）商品と、小さく動く（揺れ幅が小さい）商品があります。ですから**自分の許容範囲に合わせて、自分に合う振れ幅の投資をする**ことができるのです。

また、**分散や長期投資をすることで、その振れ幅をコントロールする**こともできます。リスクをコントロールしながら、賢く稼いでいきましょう。

リスクとリターンは比例する

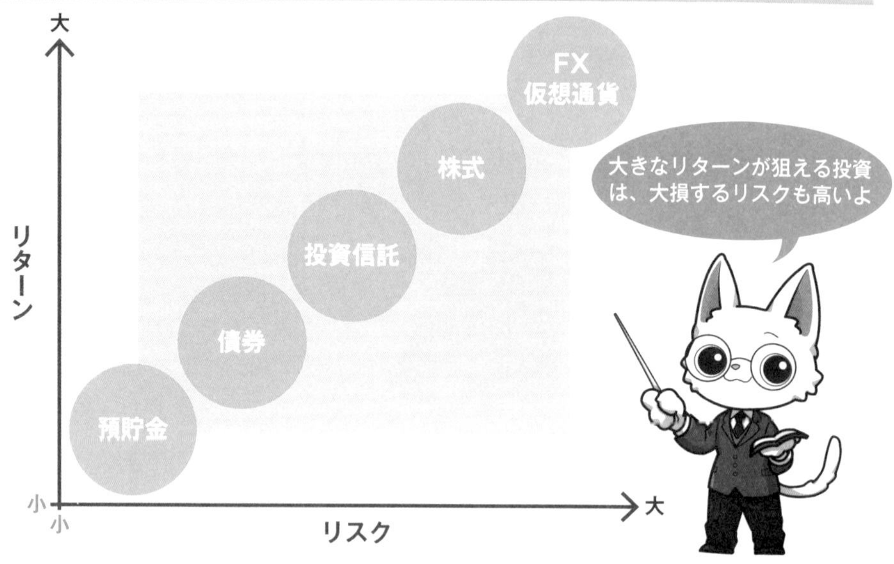

投稿：海猫さん

「リターンが大きい＝リスクが大きい」という意味ですね。「リスク＝危険」じゃない。分散してリスクを減らせばいいってことですね

返信：ねこみち

リスクが高いと言われる投資も、やり方（分散や長期投資）次第でリスクをコントロールできるんです

投稿：熊猫さん

投資はギャンブルだと誤解してた！　リスクをコントロールすれば、投資はギャンブルにはならないんだ

貯蓄・投資・投機の違い

「貯蓄」は銀行の預金などでお金を貯めること。「投資」は将来有望な株や投資信託など値動きのある金融商品に長期的に出資すること。「投機」は相場の変動を利用して利益を得ようとする短期的な、ギャンブルのような取引です。「投資」は元本保証があるわけではありませんが、長い目で見てお金を増やしていくところが「投機」とは違います。

初心者が買ってはいけない金融商品はコレ

ハイリスク投資

❶ 仕組債：「デリバティブ」を組み込んだ債券

❷ 信用取引：元手以上の投資ができる

自分のお金	取引できる金額	株価暴落
100万円	300万円	200万円の損失 / 100万円

❸ FX：外貨の売買差で利益を狙う

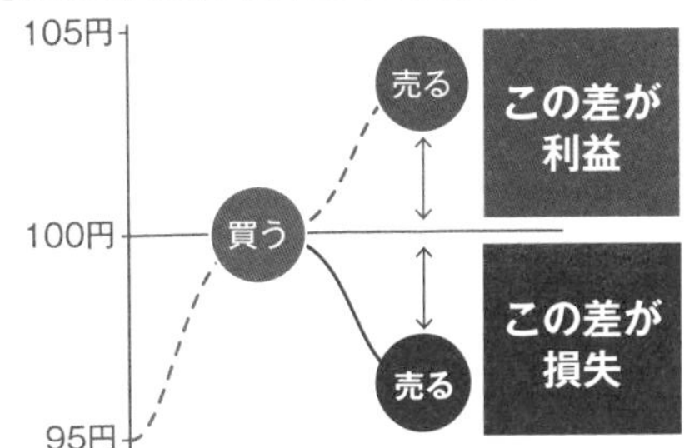

❹ ブルベア型投資信託

先物取引を利用して基準となる指数を大幅に上回る成果を目指す投資信託

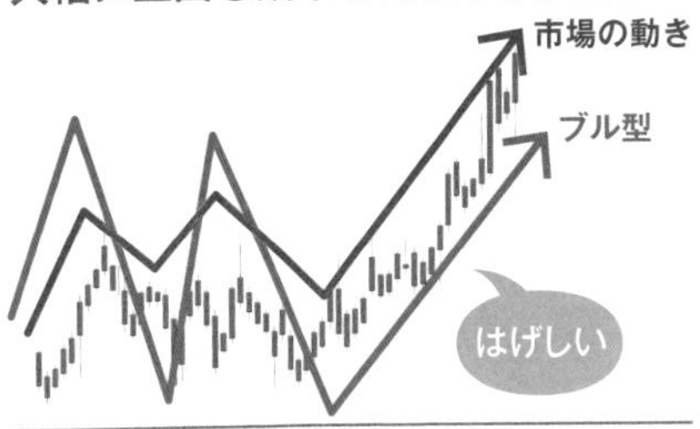

高金利やハイリターンの売り文句に要注意

「高金利で儲かる」など、ソソられる売り文句の商品には要注意。

例えば金利が「年率10%」などと謳って、多くの金融機関が普通に販売している「仕組債」（❶）があります。**仕組債はリスクが高い商品（デリバティブ）と複雑な仕組みを組み合わせた商品で、金融庁が大いに問題視しています。**買った人に高いリスクを負わせ、金融機関がしっかり儲かる仕組みの「仕組債」に手を出すのは絶対NGです。

同様に、元本を担保にお金を借りて投資する「信用取引」（❷）や、値動きがとても激しい**外貨を使う「FX」（❸）もやめましょう。**「先物取引」を利用して大胆な成果を狙う**「ブルベア型投資信託」（❹）も、初心者は避ける方が賢明**です。

牛と熊は危険！

投資信託にはブル型（牛）、ベア型（熊）の商品があります。ブル型は相場が上昇している時に儲かること、ベア型は下落している時に儲かることを目指しています。その中身は先物取引や信用取引など大きなリスクをとっているので、牛と熊に近づくと大ケガをします。

ハードルが低い
「投信」は
初心者にピッタリ

投資の初めの一歩は「投資信託」がイイ

投資信託って何?

投資信託＝プロに任せる投資

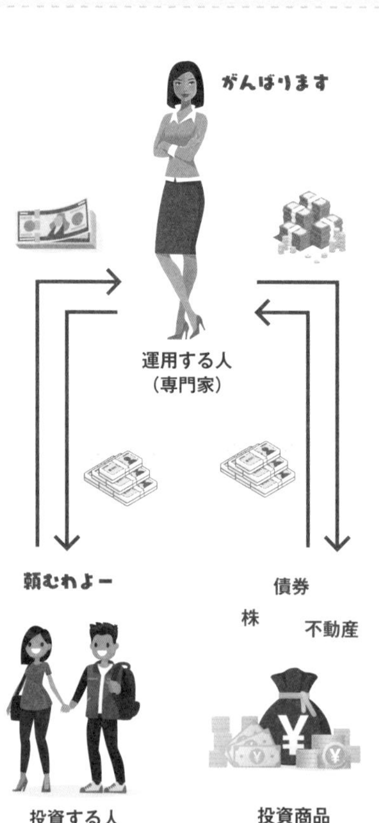

どんなメリットが?

コーヒーでも……

お金がなくてもできる	リスクを分散できる	お任せだから楽ちん
	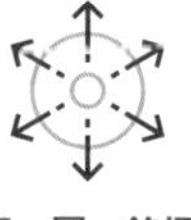 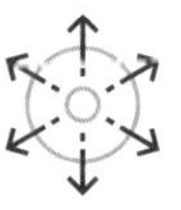	
100円からでもできる	資産・国・銘柄の分散ができる	専門家が運用してくれる

税金はいくら?

普通の投資信託は**利益の2割が税金で徴収**	NISAやiDeCoなら**非課税**

初心者が上手に稼ぐ方法は?

毎月コツコツ積み立てること	資産や国を集中させないこと	長〜く続けること

毎月5000円〜1万円でもOK	資産・国・銘柄を分散させる	15年続けると損する可能性小

投資信託とは、多くの投資家から少しずつお金を集めて１つにまとめ、さまざまな金融商品に分散投資をする**“福袋”のような商品**です。100円という小口から買えて、運用するのはプロ。毎月、同額の積立投資もできる、初心者にピッタリの商品です。

投資信託デビューを飾ろう

❶ まだ口座を開設してない人は金融機関を開設する

銀行？
証券会社？

証券会社がオススメ！

店舗のある証券会社？
ネット証券？

ネット証券がオススメ！

❷ ファンドの種類を決める

インデックス型	アクティブ型	バランス型

初心者は手数料が安い
「インデックス型ファンド」から
始めてみよう！

❸ 2つの手数料をチェックする

買う時のコスト
①販売手数料

投資期間が短い場合は
重要

毎日かかるコスト
②信託報酬

投資期間が長い場合は
超重要！

❹ 国や地域を決める

日本？
海外？

海外も含めて
分散させよう

新興国？
先進国？

初心者は先進国！

う～ん
決められない

それなら
全世界にしよう

❶投資信託（投信、ファンドともいう）は銀行や郵便局でも売っていますが、いちばん手数料が安くて、種類も豊富なのは**ネット証券**（インターネット上にあるネット専業の証券会社）です。まずはネット証券で口座開設をしましょう。

❷商品を選びます。ここでは**インデックスファンド**がオススメ。インデックス型の詳細は32～35ページを参考にしてください。

❸投資信託は運用のプロに任せるので、**買う時に販売手数料と、運用してもらっている間の手数料（信託報酬）がかかります。**手数料は投資信託の損益に直結するので、できる限り手数料が安い商品を選びましょう。

❹投資信託には海外の金融商品が入っているものがたくさんあります。手軽に世界の優良企業に分散投資できるので、日本だけでなく、米国をはじめとした**全世界の成長率の恩恵を受けられる銘柄**を選びたいものです。

「商品を知る」➡「何を買えばいいかわかる」

投資信託には いくつも「商品」がある

買っていい投資信託はどれ？

ランキングや口コミを参考にしてOK

現在、日本で買える投資信託は約6000本あります。この中から自分が投資したい1本を選ぶのは至難のワザ？　いえいえ、そんなことはありません。

投資信託を買うのはネット証券がオススメですが、初心者でも自分にぴったりな１本が簡単に探せるようにわかりやすくカテゴリー分けされています。

人気ランキングや「ファンド・オブ・ザ・イヤー」なる表彰も参考になるでしょう。人気投資家YouTuberオススメの1本もいいかもしれません。オススメの投資信託は後で紹介します。

これがいいかなと思ったら、まずは1万円からでもいいので買ってみてください（100円から買えますが、100円ではなかなか増えないので）。投資信託がどういうものか理解するには、実際に体験することが一番です。

インデックス型がオススメ

投資信託には、インデックス型、アクティブ型、バランス型があります。インデックス型は、日経平均株価やNYダウなどの指数（34ページ参照）と同じ動きをします。

投資信託ブロガーが選ぶ人気ランキング！

投資信託に詳しい個人投資家が年に1度、優れた投資信託を選ぶ人気投票があります。「Fund of the Year」がそれ。「投信ブロガーが選ぶ！ Fund of the Year」は2007年から開催され、年々注目度が増しているイベントです。証券会社の宣伝や謳い文句にまどわされず、投資信託のブログを書いている投信ブロガーが「本当に良い」投資信託を投票で選んでいるので、投資信託を選ぶのに参考になるランキングといえるでしょう。

アクティブ型は投資信託専門の運用会社にいるプロが手腕を発揮し、指数を上回る成果成果を目指します。バランス型は、たくさんの種類の金融商品を入れて損しないように（儲けも少ない）、バランスをとりながら運用する投資信託です。

これだけ聞くと、「じゃあ、アクティブ型で！」と思うかもしれませんが、人の手がかかっているので手数料が高い。それに、プロでも運用に成功する保証はありません。実際に株式ファンドの運用成績を比べてみると、**インデックス型が大半のアクティブ型に勝っている**というアメリカの有名な投資会社のデータもあります。コストが安いインデックス型で長期投資をオススメします。

	インデックス型	アクティブ型	バランス型
❶ 運用方法	市場平均を目指す 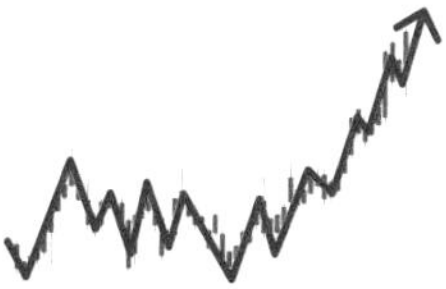	市場平均を上回る成績を目指す 	株と債券をバランスよく（ローリスク・ローリターン）
❷ コスト	コストが安い 	コストが高い  信託報酬 0.25 ~ 2.5%前後	コストが高い  信託報酬 0.1 ~ 2%前後
❸ 運用成績	どの国でも約6 ~ 9割のアクティブ型、バランス型はインデックス型より成績が悪い 		

インデックスファンドの「インデックス」って何？

現在の相場状況がわかる指標

インデックスとは「指標」のこと、もっと平たくいうと、株式市場の「平均値」です。

日本の代表的な指標（＝インデックス）には、TOPIX（トピックス＝東証株価指数）と日経平均株価があります。新聞やニュースなどでよく耳にしますよね。

TOPIXは東京証券取引所に上場しているすべての企業の株価の値動きを示す指数で、1968年１月を100として、現在はどれくらいの規模に成長しているかを表しています。

日経平均株価は、日本経済新聞社が東証プライム上場企業の中から選んだ225銘柄の平均株価です。自動車ならトヨタや日産、食品ならキリン、サッポロ、味の素など、その業界を代表する企業がセレクトされています。株価の平均なので、円で表されることが特徴です。

同様に、アメリカには「NYダウ」や「ナスダック」があり、世界中の株の動きには「MSCI KOKUSAIインデックス」があり、その他の金融市場にもインデックスはあります。

世界の主な株価指数

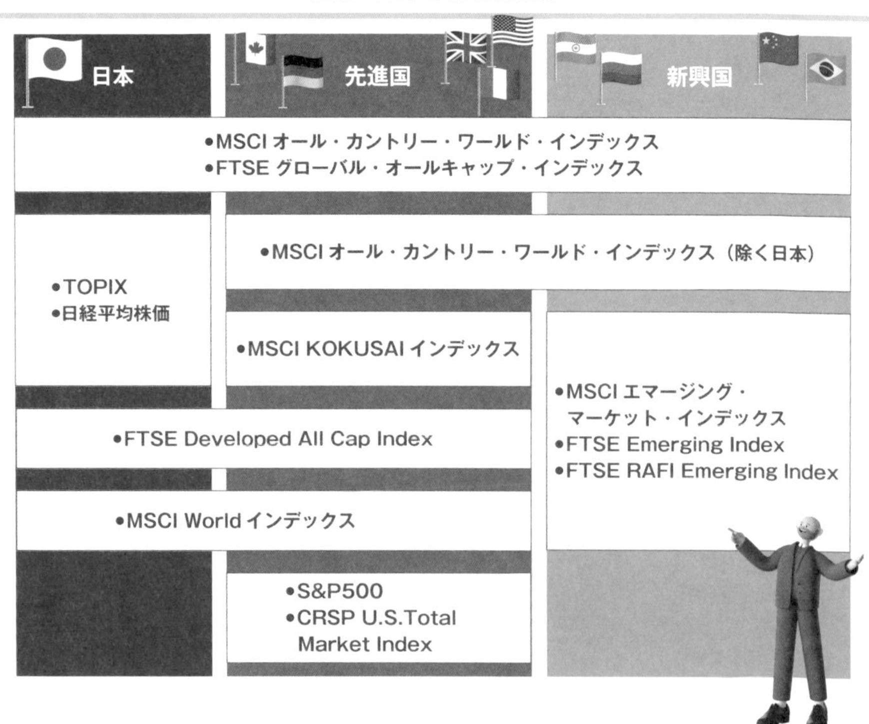

人気銘柄4本を解剖してみた

	eMAXIS Slim 全世界株式（オルカン）	eMAXIS Slim 米国株式（S&P500）	ニッセイ外国株式インデックスファンド	SBI・V・S&P500インデックス・ファンド
信託報酬	0.1133% コストが安い	0.0972% コストが最安レベル	0.1023% コストが安い	0.0938% コストが最安レベル
分散具合	47カ国・地域に分散 日本も含む	米国へ集中投資 分散度は下がる	主要先進国に分散 日本は除く	米国へ集中投資 分散度は下がる
3年のリターン	20.37% 成績も良い	22.43% 先物取引を利用	22.06% 成績も良い	22.30% 先物取引は使用無し
対象銘柄	約3000銘柄 世界の主要銘柄を網羅	S&P500に連動 米国主要500社に直接投資（ETFを介さない）	約3000銘柄 世界の主要銘柄を網羅	S&P500に連動 バンガード・S&P500ETF

（2023年4月30日時点）

上の投資信託は、ネット証券の人気銘柄です。アメリカの株を含む全世界に投資する2本と、アメリカの株のみに投資する2本。全部インデックスファンドで、**圧倒的にコストが安く、リターンが高いことが特徴**です。

例えば「eMAXIS Slim全世界株式」の（オルカン）は「オール・カントリー」の略で、三菱UFJ国際投信が運用。アメリカ株以外にも分散投資ができます。「MSCIオール・カントリー・ワールド・インデックス」というインデックスと同じ動きをし、過去3年のリターンは20.37%という高い成績を残しています。

それぞれを“信託報酬（手数料）”“分散具合”“3年のリターン”“対象銘柄”別に比べてみてください。**「人気銘柄」にもいろいろある**ことがわかるでしょう。

隠れインデックスファンド

アクティブファンドの中には「ほぼインデックスファンド」の商品がある（手数料だけ高い悪質商品）

中身はインデックスと同じ銘柄が入っているのに、表向きはアクティブファンドとして手数料を高くとっている投資信託があるので要注意！　中途半端にアクティブファンドに手を出すのはNG。

使わないと損！
「税金ナシ」の
2種類を知る

投資の利益に税金ゼロのオトクな制度

投資するなら使わないとゼッタイ損！

政府が後押しする制度

iDeCo	NISA	
	一般NISA	つみたてNISA
保険 定期預金 投資信託	株式 ETF （上場投資信託） REIT （不動産投資信託） 投資信託	一定の条件を満たした 投資信託　ETF

買える
商品はコレ

通常であれば、投資で儲かった利益には約2割の税金がかかりますが、政府が作った制度「NISA」と「iDeCo」（あとで詳しく紹介）の口座内で投資をすると非課税となり、利益をまるっと手に入れることができます。

iDeCoとNISAを
組み合わせれば

月5万円でできる
2500万円の老後資金

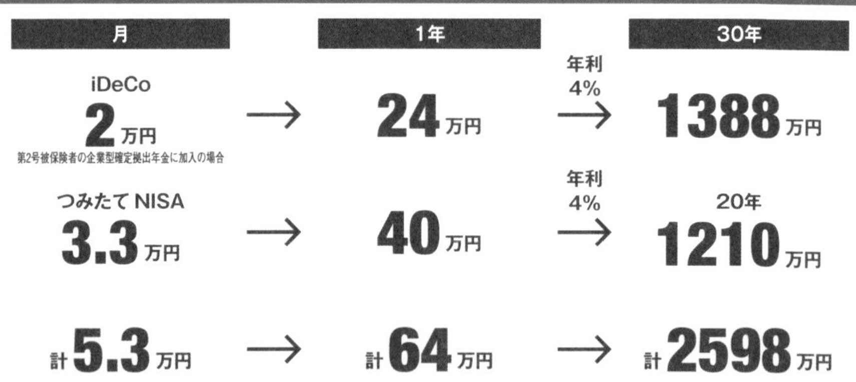

「NISA」と「iDeCo」を上限額まで使うと、年利4%の場合、30年間で2500万円を超える計算に！
しかも通常なら税金が約200万円かかるところ、無税になるとは超オトク！

「つみたてNISA」は金融庁のお墨付き！

長い目で見て増える商品を金融庁がラインナップ

今、政府は「貯蓄から投資へ」と大きく旗を振っています。なぜなら個人のお金が銀行に眠っているからです。政府はこのお金を投資によって経済の現場へ回すことで、景気を上げようとしています。

とはいえ、国民が必死になって貯めたお金を投資で減らしては元も子もありません。そこで、政府も考えました。**「つみたてNISA」は金融庁が運用商品を厳選し、長い目で見てリスクが少ない金融商品しか積み立てることができない仕組み**にしたんです。どんな仕組みかというと、例えば販売手数料が無料であること、信託報酬が0.5％以下であること、デリバティブ運用禁止などです。

つみたてNISAの特徴の１つは「厳選された商品」

商品はかなり厳選されているから大外れは基本なし

投資信託

審査しまーす　コレOKです

5965本 → **220本**

（日本の公募投信の本数）（つみたてNISAの本数）

ETF

249本 → **8本**

（日本の公募投信の本数）（つみたてNISAの本数）

（2023年4月末時点）

NISAを使っても、あくまで投資なので、お金が増えるとは断言できませんが、「増えやすいよ」と政府のお墨付きのもあるので、つみたてNISAで投資の初めの一歩を踏み出しましょう。つみたてNISAについては、48ページから改めて詳しく説明します。

投稿：黒ネコのタンゴさん

「NISA」と「iDeCo」は非課税とは、政府も大胆なことしますよね。でも、政府にやれやれと推されると、やりたくなくなるんだよなぁ（汗）

返信：ねこみち

国は仕組みを用意してくれましたが、それを活かすも殺すも我々次第。こういう優遇制度は、どんどん活用しましょう！

投稿：まねきねこさん

「つみたてNISA」を始めたら、ネットで経済ニュースをチェックするようになった自分にちょっとびっくり(*^-^)

COLUMN

万が一、証券会社が潰れたらどうなるの？

銀行が潰れても、“元本1000万円”までと、その“利息”は保護される「ペイオフ」はよく知られています。では証券会社が潰れたら、私たちの株や投資信託はどうなるのでしょうか。大丈夫、安心してください。証券会社にも同様の保護制度があります。

❶ 経営破綻が続いてます

FTX（暗号資産交換業者）の破綻

BlockFi（暗号資産融資）の破綻

証券会社は
大丈夫なの？

❷ 証券会社は破綻しても大丈夫

基本、
全額資産は守られます

❸ 二重に守られています

① 分別管理（法律で義務化）	② 投資者保護基金（①がダメならコレ）
別々に管理 顧客の資産　証券会社の資産	一人当たり1000万円まで補償される

❹ でも、守られないモノもある

守られる	守られない
株式 / 債券 / 投資信託 / 円 / 外貨	信用取引の評価損益 外国市場先物取引など

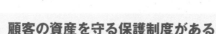

顧客の資産を守る保護制度がある

投資信託には**「窓口の証券会社」「運用専門の運用会社」「資金を管理する信託銀行」**が関わっていて、どれかが破綻しても、信託財産は保護される仕組みになっています。もし証券会社が破綻しても、資産を管理しているわけではないので、**他の販売会社が引き受けることで、投資家は運用**を続けられます。

信託銀行が破綻しても、「証券会社経由で顧客から預かった財産」と「信託銀行自身の財産」は別々に管理することが義務づけられているので、投資信託は破綻した時の基準価額で解約されるか、他の信託銀行に資金が移管されるか、です。**ただし、信用取引や先物取引の商品は保護の対象外**です。

NISA
（少額投資非課税制度）

NISA

NISAはすべての
投資家に
オススメ!

「NISA」で投資のオトクをゲット!

税金ナシという太っ腹な制度

普通の投資には税金がかかる
でも税金のかからない制度がある!

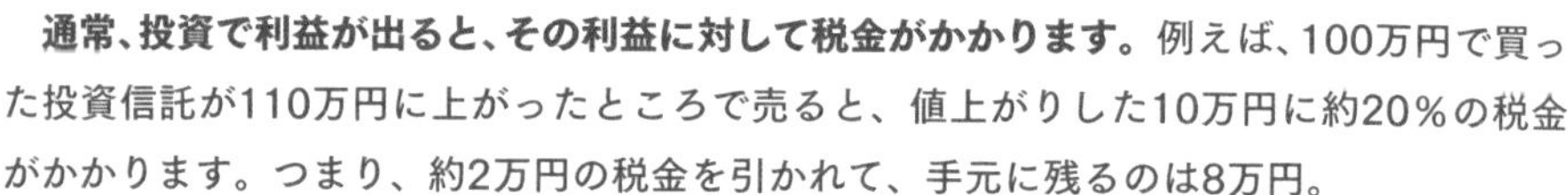

通常、投資で利益が出ると、その利益に対して税金がかかります。 例えば、100万円で買った投資信託が110万円に上がったところで売ると、値上がりした10万円に約20%の税金がかかります。つまり、約2万円の税金を引かれて、手元に残るのは8万円。

ところが、値上がりしても税金を引かれない制度ができました。それが「NISA（ニーサ）」です。「NISA」とは、「少額投資非課税制度」のこと。100円のような少額からできる投資で、しかも利益に税金がかからないという、**投資のハードルをグッと下げた国の制度**です。つまり、NISAなら100万円が110万円に値上がりしても、税金を引かれず、10万円がまるっと手に入ります。

メリットは「税金の免除」

投資で10万円儲かった場合

普通の投資	NISA
↓ 税金 2万円 TAX ↓ 8万円ゲット!	↓ 10万円ゲット!

よく「NISA」という金融商品があると勘違いする人が多いのですが、NISAは「税金がかからない」口座の名前(「NISA口座」といいます)です。

税金がゼロになることって、なかなか見ない太っ腹な制度なんです。

NISAには**「一般NISA」と「つみたてNISA」の2種類**があります。一般NISAは「手元にあるお金で個別株や投資信託を売ったり買ったりしてお金を増やす」イメージで、つみたてNISAは「投資信託を毎月コツコツ買うことで、お金を積み立てながら増やしていく」イメージです。NISAをするなら銀行や郵便局、証券会社に専用の口座を開設する必要があります(開設方法は後で説明します)。

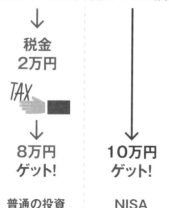

NISAには2つの種類がある

❶ 1年に投資できる金額

一般NISA	つみたてNISA

120万円	40万円

❷ 投資できる商品

一般NISA	つみたてNISA
株式 ETF（上場投資信託） REIT（不動産投資信託） 株式投資信託	一定の条件を満たした 投資信託　ETF

❸ 税金がかからない期間

一般NISA	つみたてNISA

5年間のみ	20年間

❹ 投資の方法

一般NISA	つみたてNISA

一括、積立	積立のみ

「一般NISA」と「つみたてNISA」の違い

「一般NISA」の口座では、幅広い金融商品が扱われています。個別企業の株や一般的な投資信託だけでなく、ETF（イーティーエフ）やREIT（リート）などという特殊な商品も含まれます。ETFは「上場投資信託」といい、まるで１つの株のような形で株式市場に上場している投資信託、REITは不動産などの賃貸収入や売買益を分配する「不動産投資信託」です。選ぶのが難しいので、初心者向きではありません。

一般NISAでは年間120万円まで投資できますが、5年間の期間限定です。

「つみたてNISA」は、一定の投資信託（複数でもOK）を、毎月買っていくもの（基本的に同日・同額）です。1年間に投資できるのは40万円までなので、お金を増やすにはちょっと時間がかかる。そこで税金ゼロの期間は20年という長きにわたっています。

大胆に売買できる**「一般NISA」は元手のある人、投資に慣れた人向け。**

コツコツ投資を続けていく**「つみたてNISA」は元手が少ない人や投資初心者向け**ですが、もちろん元手がある人にもオススメです。

なお、2024年１月より「新NISA」になり、制度が良い方に変わります。

勘違いしがちな「NISA」の特徴

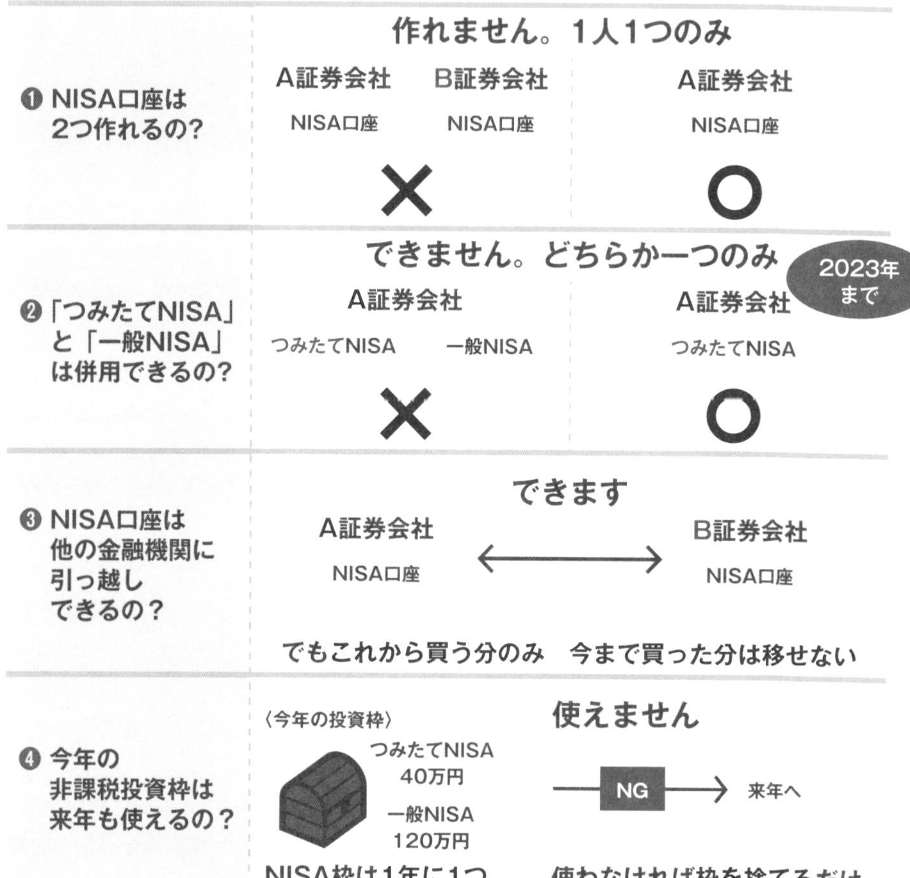

NISAで投資をするには、専用の口座が必要です。まだ持っていない人は、とにかく口座だけでもサクッと作りましょう。「NISA口座」は銀行、郵便局、証券会社のどこで作ってもよいのですが、**1人1口座しか作れません。**

途中でNISA口座の金融機関を変えることもできます。けれども手続きがとても面倒なので、最初からちゃんと選びましょう。

そんなに税金がオトクなら、「一般NISA」と「つみたてNISA」の両方を同時にやりたいと思った人がいると思いますが、残念ながら現在はどちらか１つしかできません（2024年からは両方できるようになります）。

なお、NISA**投資額の上限は年単位**なので、余った分を来年には持ち越せません。

2つの「NISA」、個別の弱点・共通する弱点

❶ 選べる商品が限定されている

つみたてNISAは

個別株	ETF	投資信託
	Google	Google
Google	amazon	amazon
	Apple	Apple

↑コッチはほぼ選べない　↑コレだけ

「つみたてNISA」は投資信託の積立専用に作られた国の制度。金融庁が厳選した投資信託のみのため、種類は少なく選択肢は限られる。

❷ 資産を増やすのにかかる時間

一般NISA	つみたてNISA
5年で 663万円（利益63万円）	13年で 674万円（利益159万円）

「つみたてNISA」は元手ゼロから始めるスタイル。投資信託の"大人買い"ではなく、毎月、少しずつ買うので、増えるまでには時間がかかる。

❸ 今年損しても節税できない

普通の投資→相殺OK
相殺したら利益0円
→税金0

+20万円 ⟶OK⟵ −20万円
口座① 口座②

NISA→相殺NG
利益20万円は相殺NG
→税金4万円

+20万円 ✕ −20万円
口座① NISA口座

❹ 過去に損しても節税できない

NISAはダメ！

普通の投資は過去の損を相殺OK

4年累計で利益0なら税金0（NISAはコレがNG）

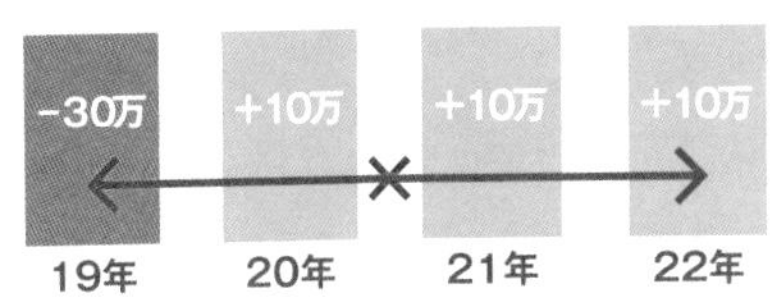

通常口座とNISA口座は税金の計算が別

普通の投資なら、儲かった金額に約2割の税金がかかります。ですが損をすれば税金はかかりません。そのため、すでに複数の口座で投資をしている人は損益通算（利益と損失を相殺すること）が可能ですが、**NISA口座は通常口座との損益通算ができません。**

つまり、NISA口座で損をして、通常口座で利益が出た場合、相殺することはできず、通常口座の利益にはまるっと全部に税金がかかります。

また、通常口座での投資は4年間の累計で過去の損を相殺できますが、NISA口座は過去の損と相殺ができません。

NISAが
バージョンアップ！
可能性が広がった

2024年、「新NISA」が始まる

資産形成しやすい環境が整ってきた！

NISA改正で老後資金2000万円も達成可能に！（年利4%とした場合）

❶ 今のつみたてNISAはこれが精一杯

毎月3.3万円×20年で
1210万円

元金	利益
792万円	418万円

←1210万円→

❷ 2024年からは月7万円の積立もOK

2567万円も
貯まるんだっ

毎月7万円×20年で

元金	利益
1680万円	887万円

←2567万円→

❸ 2024年からは30年の積立もOK

2082万円も
貯まるんだっ

毎月3万円×30年で

元金	利益
1080万円	1002万円

←2082万円→

❹ 2024年からは40年の積立もOK

2128万円も
貯まるんだっ

毎月1.8万円×40年で

元金	利益
864万円	1264万円

←2128万円→

政府はさらに
太っ腹になった

ここまで現在の「NISA」の説明をしてきましたが、制度が変わり、2024年1月から「新NISA」となります。

新NISAは充実の内容で、大幅にパワーアップします。現在のNISAは期間限定なので、「いつか終わってしまう制度だと、安心して利用できない」といった声も聞かれましたが、**新NISAは"恒久化"されて、無期限**になります。

また、「つみたてNISA」は、現在は年間40万円が上限なので、12カ月で均等割りすると月3.3万円が上限ですが、2024年になると月10万円の積立投資もできるようになり、投資でお金を増やしやすくなります。

2種類のNISAが
使えるようになる

利用できる期間が無期限となる「新NISA」。ならば、「税金を払いたくないから、投資するお金を全部NISAに入れちゃえばいいんじゃない？」と思いますか？　そんなには甘くありません。政府もさすがに無限に税金を安くするわけにはいかないので、上限額があります。

新NISAでは「つみたて投資枠」（「旧つみたてNISA」の進化系）が年120万円、「成長投資枠」（「旧一般NISA」の進化系）が年240万円となります。さらに、**2つを併用できる**ようになり、**合計で年360万円まで投資**ができます。

NISA制度改正で
誰でも小金持ちになれる時代に

なにしろ、**「投資枠が増える」「非課税期間が無期限になる」のですから、資産が作りやすくなる**というもの。

サクッと計算してみましょう。例えば月5万円を積み立てて、年利4％で増えていったと仮定すると、20年間で1834万円になります。あくまでも試算ですが、新NISAを使って投資をすれば、誰でも小金持ちになれる可能性が大。老後資金2000万円を貯めることも現実として見えてきました。

格段に進化した「新NISA」！　新たに２つの枠組みが誕生

これまでのNISAには「一般NISA」「つみたてNISA」の2種類がありましたが、「新NISA」では「成長投資枠」と「つみたて投資枠」という名前がついた**2つの枠が誕生し、2つ同時に使うことができます。**

「成長投資枠」は多くの金融商品に投資でき、上限額は年240万円。「つみたて投資枠」は年120万円が上限で、現状の「つみたてNISA」と同様に、政府が厳選した投資信託のみに利用が制限されています。

新旧でNISAは分離される！

新規投資の可能な期間	～2023年	2024年～　恒久化！
	2023年までのNISA	新しいNISA
		年間投資枠　合計360万円
	一般NISA	**成長投資枠** 商品　上場株式、ETF、REIT、株式投資信託など 買い方　一括、積立、どちらもOK 年間投資枠　240万円
	つみたてNISA	**つみたて投資枠** 商品　長期、積立、分散投資に適した一定の投資信託、ETF 買い方　積立のみ 年間投資枠　120万円

一生で1800万円まで、投資の利益が非課税に

「新NISA」は生涯で1800万円までの投資の利益に税金がかからず、枠内なら**生涯にわたり利用**できます。投資商品の見直しや、お金が必要になって換金（売却）した場合、空いた枠は、次の年にまた利用することができます。

1800万円は「つみたて投資枠」だけでもよいし、「成長投資枠」で300万円を利用して、残り1500万円は「つみたて投資枠」という使い方でもOK。ただし、成長投資枠は1200万円を超えることはできません。

2023年までのNISA

同じ年に両方使えない

	つみたてNISA	一般NISA
非課税投資枠	年間40万円	年間120万円
投資できる期間	2023年まで	2023年まで
非課税で保有できる限度	800万円	600万円
非課税で保有できる期間	20年	5年

新しいNISA

同じ年に両方使える!

	つみたてNISA枠	成長投資枠
非課税投資枠	年間120万円	年間240万円
投資できる期間	無期限	
非課税で保有できる限度	1800万円（うち、成長投資枠は1200万円まで）	
非課税で保有できる期間	無期限	

「小さくコツコツ」に合う つみたてNISA

ほったらかし投資の決定版！

改めて つみたてNISAって何？

❶ 資産形成をサポートしてくれる制度

18歳以上なら
誰でもできる

年40万円まで
税金なしで投資できる

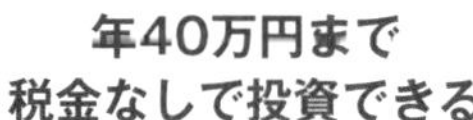

投資商品は金融庁が
審査して厳選

❷ 特徴は？

商品は
投資信託と
ETFのみ

手数料が安い

手間がかからない
（定額の自動購入ができる）

❸ どんな人にオススメ？

投資初心者

少額で
コツコツ投資
したい人

投資に
手間と時間を
かけたく
ない人

元手がなくても投資を始めよう

元手が貯まってから投資をするか、それとも元手がなくても投資をするか……。ちまたでは議論が繰り広げられていますが、たとえ今は元手がなくても、毎月の稼ぎから少しずつ投資をするほうがいいでしょう。なぜなら**投資の経験を積むことができる**からです。

つみたてNISAは金融庁が投資信託を厳選してくれたもの。100円から投資でき、手数料も安い。投資初心者で、手間と時間をかけたくない人にうってつけです。

「つみたてNISA」の商品ラインナップ

❶ インデックス型投資信託

本数は100本　特徴は？

低コスト

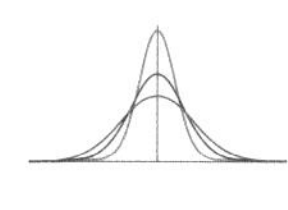

平均点を目指す

運用者の能力に
左右されない

❷ アクティブ型投資信託

本数は28本　特徴は？

コストが高い

ハイリスク
ハイリターン

運用者の能力に
依存する

❸ バランス型投資信託

本数は92本　特徴は？

ローリスク
ローリターン

安定性重視

債券・REIT
比率高め

❹ 上場投資信託（ETF）

本数は8本　特徴は？

低コスト

選択肢が少ない

SBI証券

ネット証券で
買えない

（2023年5月26日時点）

金融庁が厳選している投資信託にもいくつかの種類があります。

❶インデックス型（指標に連動）と❷アクティブ型（指標の上を目指す）は32～33ページで詳述したので、ここでは❸バランス型の補足と41ページで少し紹介した❹ETFの補足をします。

❸バランス型の代表的な投資信託は、1本の投資信託の中に、国内株、先進国株、新興国株、国内債券、先進国債券、新興国債券、国内REIT（国内の不動産投資信託）、先進国REIT（海外の不動産投資信託）の8資産が均等に入っています。つまり**超バランスがとれている**のですが、手数料が高く、儲けも少ない投資信託です。

❹ETFは株式市場に上場している投資信託です。ネット証券では買えないので一般的ではありません。

❶～❹の種類はありますが、やはりオススメは❶のインデックス型です。

「つみたてNISA」の口座は魔法の箱

つみたてNISAは早く始めないと損

現在の「つみたてNISA」で投資できる限度額は1年で40万円。2024年1月からの「新NISA」は1年で120万円、生涯で1800万円が限度額です。生涯の非課税投資枠が増える（1800万円＋40万円）のですから、2023年のうちに始めるとよいでしょう。

「つみたてNISA」を税金ナシの魔法の箱にたとえてみましょう。魔法の箱は、政府から1年に1つしかもらえません。もらった年に使わないと、その魔法の箱は捨てることになります。

また、魔法の箱には1年間しかお金を入れられません。箱からお金を出すことはいつでもできますが、お金を入れることができるのはその年だけです。

❶ つみたてNISAの口座は1年に1つ

2023年まで

NISA口座＝魔法（税金なし）の入れ物

2021年分

2022年分

2023年分

入れ物は「1年に1つ」今年分を使わないと捨てるだけ

❷ 1年間しかお金を入れられない箱

今は入金できない

2022年分

今年のみ入金できる

2023年分

箱からお金は出せる。でもお金を入れられるのはその年だけ

❸ 魔法の箱は年々減っていく

残り21個　残り20個

2022年　2023年

魔法の箱（税金0）は使わないと年々減っていく

❹ 1年遅れると50万円の損

2022年に開始　2023年に開始

468万円（運用益）　418万円（運用益）

開始が1年遅れると約50万円損する可能性

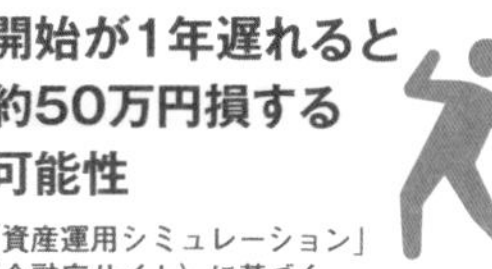

「資産運用シミュレーション」（金融庁サイト）に基づく

「新NISA」になると、年間の投資枠が120万円、生涯で1800万円となり、“税金がかからない魔法の箱”は大幅にパワーアップします。この魔法の箱を資産形成に上手に活用して、無理なく、長期的に、コツコツと資産を増やしていきましょう。

毎月いくらずつ積み立てるか

	毎月5000円の積立だと	毎月1万円の積立だと	毎月2万円の積立だと	毎月3.3万円の積立だと
	20年後に	20年後に	20年後に	20年後に
貯金	120万円	240万円	480万円	792万円
つみたてNISA	183万円 年利4%の場合	367万円 年利4%の場合	734万円 年利4%の場合	1210万円 年利4%の場合

つみたてNISAは月1万円ずつでも意味がありますが、非課税の枠40万円までしっかり使いたいと思ったら、いくらずつ積み立てればいいでしょうか。40万円÷12カ月≒3万3333円となります（1000円単位で扱う証券会社なら3万3000円）。

毎月3.3万円はキツイ、**ボーナスの時にまとめて払いたいという方には、「ボーナス月の増額設定」**がオススメ。年に2回まで一時的に投資金額を増やせるので、それ以外の月は安めにできます。もし毎月3万円、ボーナス月（6月と12月）は5万円ずつにすれば……40万円ピッタリになります！

まとめ　ねこみち

月1万円の投資でも、時間を味方につければ大きな資産になります。年4％なら20年間で367万円。たった1万円でもコツコツの力は偉大です

投稿：黒ネコのタンゴさん

資産倍増とはこのこと!　月1万円を投資する意味ありまくりですね

投稿：まねきねこさん

20年後の金額のインパクトがすごい。20年といっても、子どもの成長の早さを考えたらあっという間かも

返信：ねこみち

貯金と投資では、20年でこれだけの差が生まれます。40、50年先を考えると、複利と時間の力を使うことがいかに大切かがわかりますよね

新NISAが始まる前に「つみたてNISA」を始めよう！

「つみたてNISA」は、2024年1月に新NISAの「つみたて投資枠」に新しく生まれ変わります。現行の「つみたてNISA」も年の途中から始められるので、新NISAを待たずにさっそく始めてください。

新しくなるのだから、新しくなってから投資を始めればいいと思っている人が多いのですが、その考えは間違いです。

現在の**「つみたてNISA」は「新NISA」にキッチリ引き継がれる**ので、今、投資をスタートしたいという気持ちを先延ばしにする意味はまったくありません。

それどころか、今年分の魔法の箱（50ページ）を使わずに捨てることになってしまいます。新NISAを待っているなんて、もったいない。

つみたてNISAの年間の投資枠は40万円。これを12で割った3.3万円ずつ積み立てる人が多いのですが、仮にそれで10月から始めたのでは枠を使い切れません。3.3万円で始めた人も、例えば12月は33万円などと金額を変更する荒業もOK。増額設定やボーナス設定で、限度額ギリギリまで使って投資することも検討してみてください。

❶ 現行のNISA枠を今から使い切れる？

できます

積立投資 3.3万円	積立投資 3.3万円	積立投資 33万円	年間 40万円
10月	11月	12月	

❷ 積立金額はどうやって変更するの？

方法は2つ

①増額設定
（ただし3.3万円を超える増額はNG）

②ボーナス設定

❸ 変更するときの注意点は？

〈SBI証券の場合〉
クレカ積立の人は現金決済に変更する

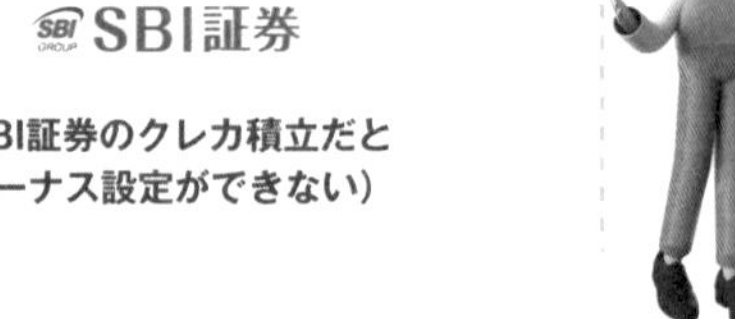

（SBI証券のクレカ積立だとボーナス設定ができない）

〈楽天証券の場合〉
「増額設定」でやる

Rakuten 楽天証券

（「楽天カードクレジット決済」はボーナス設定ができない）

まとめ　ねこみち

現行のNISAと新NISAは別物で、現行のNISAが使えるのは2023年だけ。つみたてNISAなら年間40万円の投資枠を使えるのは今だけ。さっそく今日から始めてみましょう！

SBI証券のつみたてNISAランキング

1位　eMAXIS Slim
全世界株式（オール・カントリー）

全世界の株に
投資
イチオシ！

2位　SBI・V・S&P500
インデックス・ファンド

米国の500社に
投資
超オススメ

3位　eMAXIS Slim米国株式
（S&P500）

コスパ最強
eMAXIS Slim
シリーズ強し！

4位　SBI・
全世界株式インデックス・ファンド

SBI 証券専門
ブランドも
捨てがたい

5位　eMAXIS Slim
先進国株式インデックス

6位　eMAXIS Slimバランス
（８資産均等型）

広範囲に
まんべんなく投資
バランス型なら
コレ！

7位　SBI・V・
全米株式インデックス・ファンド

8位　eMAXIS Slim
国内株式（TOPIX）

9位　ニッセイ外国株式インデックス・ファンド

10位　eMAXIS Slim
全世界株式（除く日本）

（2023年5月12日 月間積立設定件数）

NISA

つみたてNISA どこで、どう始めるか

オススメは「ネット証券」一択！

銀行

【手数料】高め
【商品数】かなり少なめ
→手数料の安い人気銘柄を選べない
【特徴】
・窓口で相談にのってもらえる（ただし、預金の中身を知られていると、ヘンな“勧誘”をされることも）

街の証券会社

【手数料】高め
【商品数】少なめ
【特徴】
・積立の金額・単位・頻度の選択肢は、ネット証券より少なく、銀行より多い
・ETFなど特殊な投資信託を扱っている所もある
・老舗のN証券はお金持ちが相手

ネット証券

【手数料】安い！
【商品数】多い！
【特徴】
・PCやスマホが使える人には何かとオトク！
・24時間365日、いつでも手続きできる
・手数料の安い人気銘柄を選べる
・リアルの窓口相談がない

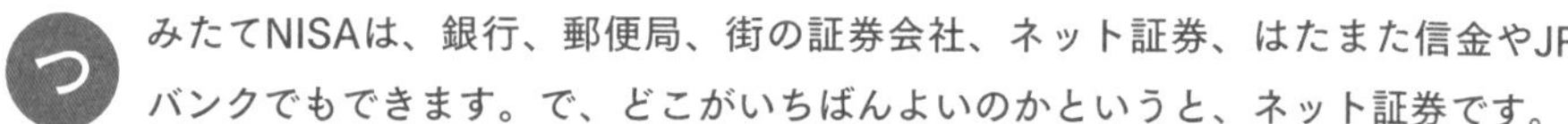

つみたてNISAは、銀行、郵便局、街の証券会社、ネット証券、はたまた信金やJRバンクでもできます。で、どこがいちばんよいのかというと、ネット証券です。

ネット証券の**最大のメリットは、コストが低いこと**。窓口の人がいないので人件費が安く、リアル店舗のコストなども必要ないので、手数料が安くなっているのです。また、ネット証券の方が**開設手続きなども簡単**です。

この先、投資に目覚め、「つみたてNISA」以外の投資をする可能性は十分にあるでしょう。その時にネット証券の豊富な商品ラインナップや手数料の安さが効果を発揮します。

・手数料が安い
・商品が充実
・サービスがいい

オススメのネット証券

SBI GROUP SBI証券

Rakuten 楽天証券

・『日経』などが無料で読める
・ポイントが貯まる
・アプリが使いやすい

ネット証券は取り扱い商品が豊富

金融機関名	投資信託の数
SBI 証券	193
楽天証券	190
ゆうちょ銀行	12
三菱 UFJ 銀行	12
野村證券	7
三井住友銀行	4

（2023年5月28日時点）

積立といえども銀行はオススメしない

左図の「つみたてNISA」でできる投資信託の商品数を見てください。ネット証券は200弱がありますが、銀行と街の証券会社は4～12本です。「同じ投資信託を買うのだから、どこでもよいのでは」と思ったら大間違い。たしかに同一の投資信託なら信託報酬（手数料）は同じです。でも、**ネット証券以外は手数料の高い投資信託がラインナップ**されているのが実情で、手数料の安い人気の投資信託を売っていないこともあります。

NISA口座は1人1つ。すでに銀行でNISA口座を開いた人も手続きをすればネット証券に変更できます。将来のために手続きをしておいた方がよいかも。

つみたてNISAの口座は変更できる

変更方法（簡単です）

銀行

①申込

②勘定廃止通知書

③勘定廃止通知書

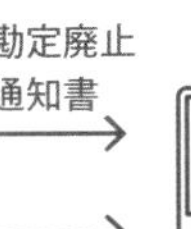

④非課税口座開設届出書

ネット証券

ネット証券にはこんなおまけも

「つみたてNISA」の決済をクレジットカードですると、投資信託によってはポイントがもらえます。クレジットカードでポイントが貯まる証券会社の例は、右のとおりです。

	使える クレジットカード
SBI 証券	三井住友カード、他6社カード
楽天証券	楽天カード
野村證券	×
三菱 UFJ 銀行	×

口座開設のザックリとした流れ（SBI証券の場合）

❶ 口座開設を申し込む

① 申し込み情報を入力

住所、氏名から始まり、「つみたてNISAに申し込む」「SBIポイントサービス入会」など、入力項目は17個。「納税はSBI証券に任せる」を選択すると、特定口座となり、確定申告の必要はなくなる。

② 必要書類を提出

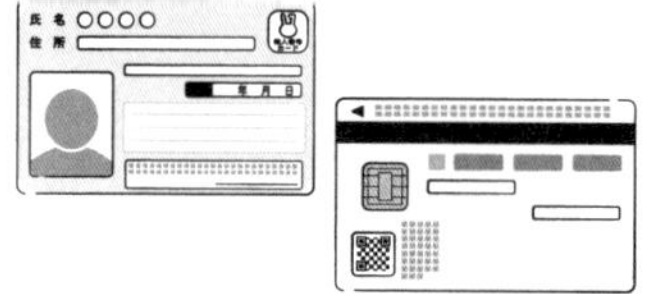

マイナンバーカードの写真を撮ってアップロードする。マイナンバーカードを持っていない人は、運転免許証などの本人確認書類、マイナンバー確認書類の写真を撮ってアップロードする。

③ 以上！　入力は5分で完了！

証券会社側が申込情報とマイナンバーカードを照会し、確認がとれれば口座開設の知らせが届く。SBI証券は最短で翌営業日から取引開始できる。

＊この手続きをすると、税務署が証券会社を通じて審査（NISA口座は1人1口座と決まっているので、二重開設でないかのチェック）をする。審査期間は2～3週間程度だが、NISA口座の開設が初めてなら審査中でも通常の取引ができる。

会社員は「特定口座」をセレクト

証券会社の口座には「一般口座」と「特定口座」（源泉徴収あり・なし）があります。一般口座とは、損益計算から確定申告まで自分でやる口座です。

会社員は特定口座（源泉徴収あり）にするのがセオリー。投資の利益が確定すると、証券会社が直接納税してくれ、確定申告の必要がありません。特定口座（源泉徴収なし）にすると、自分で確定申告をする必要が出てきます。

投資信託を買うザックリとした流れ

❷ つみたてNISAで投資信託を買う

① 開設したNISA口座にお金を入金する

ネット証券のつみたてNISA口座への入金振替は、提携している銀行からなら無料。ATMや窓口では有料になる。提携銀行に加え、手数料無料で電子マネーやクレジットカードでも自動積立ができる証券会社も。

② 商品を選んで積立額を設定

積み立てる投資信託を選ぶ。
毎月の積立額を設定する。

③ 目論見書を確認して完了

投資信託は法律上、「目論見書（もくろみしょ）」というパンフレットを読んで（チェックボタンを押す）、投資先や運用方法、リスクとリターンを理解してからでないと買えない。銀行や証券会社の窓口だと営業マンから説明に30分はかかる代物。ネットなら誰にも邪魔されず、フラットな感覚で読むことができる。

ネット証券にもいろいろある

ネット証券のオススメはSBI証券と楽天証券と紹介してきましたが、他にもマネックス証券、松井証券、auカブコム証券、GMOクリック証券などがあります。いずれも店舗がなく担当営業マンがいない代わりに、取引手数料が安い投資信託が充実しています。

「一般NISA」だったらココに注意しよう

2024年1月に「新NISA」が始まるので、現在の**「一般NISA」での投資は2023年で終わり**です。一般NISAは5年間税金がかかりませんが、その後「一般NISA」で持っている株を「新NISA」に移すことはできません。

持っている株を5年以内に売らなければ、自動的に税金がかかる口座（課税口座）に移されます。その際、初めに買った時点の価格ではなく、移管した時点の価格が課税口座の「取得価格」になります。もしNISA口座でマイナスが出たまま課税口座に移ると、その後で初めに買った値段に戻っただけでも「利益が出た」ことになり、税金が取られます。課税口座に移る前に、一度売却して新NISAに移すなど、対策をしておきましょう。

株の配当の受け取り方にご注意

一般NISAの株の**配当金の受け取りは「株式数比例配分方式」に設定**してください。郵便為替や口座振込での受け取りにすると、配当金に約20％の税金がかかり、せっかくの恩恵を受けられません。自分の設定が間違っていないか、不安な人は確認しましょう。

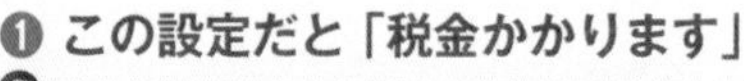

❶ この設定だと「税金かかります」

❷ 配当は「証券口座」で受け取ろう

SBI証券

銀行口座への振込は簡単！ OK

Rakuten 楽天証券

❸ 確認も変更も簡単

SBI証券

①ログイン
→「お客様情報　設定・変更」
→「お取引関連・口座情報」
②「配当金受領サービス」を確認して
「株式数比例配分方式」ならOK!
違っていたら「株式数比例配分方式」に

1分で完了！

楽天証券

①ログインして「マイメニュー」へ
→「申込が必要な取引」
→「配当金受取方法」
②「株式数比例配分方式」ならOK！
違っていたら「変更」
→「証券口座でのお受け取り」に

1分で完了！

投稿：まねきねこさん

「一般NISA」で株を買いましたが、配当の受け取り先が郵便局で課税されました（汗）。こんな落とし穴はなくして欲しい（怒）。ちなみに「つみたてNISA」はどうなっているの？

返信：ねこみち

つみたてNISAの「分配金」は非課税なので心配ないです♪

STORY

ねこみちの苦い苦い失敗談と、学んだこと

2018年。米中間で関税の報復合戦が勃発。この貿易摩擦で世界的に株価が暴落。

「これは10年に一度のチャンス」「でも、お金が十分ない」「ここは信用取引しかない」。そう思った僕は、元手の3倍以上の取り引きができる**「信用取引」に手を出した。**底値だと思ったタイミングで1000万円近くを一気に投資。

しかし、そこから株価はどんどん下落。損失が膨らむなか冷静な判断はできず、何度も判断を間違え、最終的に**400万円近い損失。**その後の数年間は安易に手を出した自分の判断と大失敗に後悔する日々……。でも、その失敗から僕は学んだ。

❶ 元手がないと心の余裕もない だから、判断を誤った

投資のチャンスがあっても、ある程度の元手がないと、かなりリスクを負った「信用取引」などでないと参加しにくい。もし、あの時に**お金の余裕があれば、株価が戻るのを待つ心の余裕があったはず……**(元手の重要性を痛感し、その後の5年間で1000万円貯金した)。

❷「短期投資」は 危険なギャンブルだった

投資は短期で儲けようとするほど、損する可能性が高まる。短期で稼げる投資は、短期で大損する可能性もある。それはギャンブルと同じ。ギャンブルの投資ではなく、着実に資産を増やしていきたい。それには**「長期投資が遠回りのようで実は一番の近道だ」**と学んだ。

❸「一括」投資はタイミング だから素人には難しかった

「積立投資」に比べて、「一括投資」は買うタイミングが大事。でも、どこが底値かは誰にもわからない。だから一括投資ではなく積立投資。積立なら買うタイミングを気にせず、上がっても下がってもリスクを平準化できる。**積立投資がより安全かつ賢明な投資であると認識**した。

❹「手間と時間は人任せ」が 資産形成に最適な道だった

短期投資と個別投資で稼ぐには時間と手間が異常にかかる。売買のタイミングを計り、最新情報や決算状況を見て……、**時間をかけても稼げる保証はどこにもない。**

だけど長期積立の投資信託なら人任せ。本業や副業に時間を割いて収入を増やし、それを投資に注入するのが正解だった。

NISA
いよいよ商品購入!
オススメを
知っておくと安心

さあ、つみたてNISAで投資信託を買おう

積み立てる投資信託（ファンド）を選ぶ

初心者にすすめたい人気銘柄

eMAXIS Slim米国株式（S&P500）
eMAXIS Slim全世界株式（オール・カントリー）
SBI・V・S&P500 インデックス・ファンド
SBI・V・全米株式インデックス・ファンド
ニッセイ外国株式インデックス・ファンド

上にラインナップした5つの投資信託は、投資初心者からベテランまで幅広い層に人気。どれもインデックス型なので、特に「つみたてNISA」に適しています。

証券会社と投資運用会社

私たちが株式などを売買する窓口は「証券会社」ですが、実際に分析や商品購入をするプロがいるのは「投資運用会社」です。証券会社と運用会社がグループになっていることもあります。なお、「SBI」や「楽天」などの名前が付いている投資信託も、他の証券会社で購入できます。

SBIの名前が付いた投資信託

SBI GROUP SBI証券

名前の頭に「SBI」が付いている投資信託は、**SBIアセットマネジメントが運用**しています。グループ会社と連携して、より低コストに商品を提供しています。

楽天の名前が付いた投資信託

Rakuten 楽天証券

名前の頭に「楽天」が付いている投資信託は、**楽天投信投資顧問が運用**しています。こちらも証券会社と投資運用会社がグループです。

「eMAXIS（イーマクシス）」シリーズは目を引く存在だけど…

「eMAXIS Slim」シリーズとは、三菱UFJ国際投信が運用している、販売手数料が無料（ノーロードといいます）のインデックス型の投資信託です。多くのネット証券で販売され、手数料（信託報酬）が他と比べて割安なので、いつもランキング上位に入る目を引く存在です。

シリーズには、次の4種類があります。

- 店舗（窓口）でもネットでも買える「eMAXIS」
- 商品を投資対象とする「eMAXIS＋（プラス）」
- 低コストにこだわる「eMAXIS Slim（スリム）」
- 業種別ファンドの「eMAXIS Neo（ネオ）」

やりがちな間違いにご注意！

実は「eMAXIS」と「eMAXIS Slim」（ネット販売のみ）の投資先はまったく同じにもかかわらず、手数料（信託報酬）が違うという“ひっかけ問題”的な要素があります。右の表の例でも、どちらもアメリカの指標S&P500の株に投資しているのに、手数料を比べると約0.5％の差が！ 長期間ではボクシングのジャブのように、後から効いてくることでしょう。

「eMAXIS Slim」は常に業界最低水準の運用コストを目指すと断言し、ちゃんと実行しているので、“スリム”のほうを選びましょう。

よく間違えるこの2つ

eMAXISのみ	Slim版
eMAXIS	eMAXIS Slim
全世界株式	全世界株式（除く日本）

手数料が全く違う

eMAXIS	eMAXIS Slim
0.66%	0.1133%
高すぎ！ 20年で77万円	絶対コレ選んで！ 20年で約13万円

（3.3万円ずつ年利4％で積み立てた場合。信託報酬率は2023年5月26日時点）

投稿：海猫さん

「eMAXIS」は売れてるイメージですが、種類があるのですね。「eMAXIS」と「eMAXIS Slim」は間違いやすいなぁ。どうして手数料が違うのか知りたい

返信：ねこみち

かかる経費の違いです。ネット銀行と通常の銀行のコストが違うのと同じです

大人気！「米国株ファンド」の2本を徹底比較

	楽天・全米株式インデックス・ファンド	eMAXIS Slim 米国株式（S&P500）
❶ 成績は「ほぼ同じ」	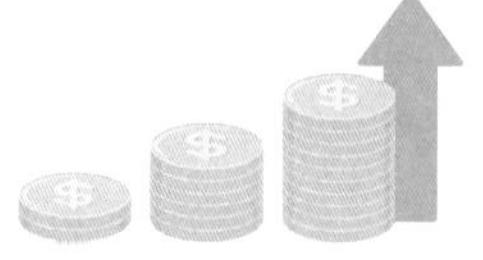	

組入上位の銘柄がほぼ同じだから

違うのはココ！

❷ 手数料が違う（信託報酬）

毎月3.3万円（年利4%）で積み立てた場合

0.162%

安っ！

0.09372%

金額は「運用シミュレーター」（楽天バンガード）に基づく

違うのはココ！

❸ 散らばり具合が違う

分散！

3871銘柄

503銘柄

（2023年4月末時点）

❹どうやって決めたらいいの？

オススメこっち！

よりリスクを分散したい人

楽天・全米株式インデックス・ファンド

手数料が安い方がいい人

eMAXIS Slim 米国株式（S&P500）

まとめ ねこみち

たかが0.06％と思っても、20年、30年と考えたらすごい金額になるので、手数料は安い方がいいですよね。手数料を比較するとS&P500に軍配が上がりそうですが、全米株も捨てがたい。どちらもオススメです

投稿：熊猫さん

私はSBI証券の人気銘柄ランキングの常連であるS&P500のほうにしました。500銘柄ぐらいの分散がちょうどよいと思います

返信：ねこみち

投資する銘柄の何を重視するのか（分散具合、コスト、成長性、安定性）を決めて、それにピッタリの銘柄を選んでいきたいですよね

どちらも米国株式市場を代表する指数に投資

長期で考えるとアメリカ経済が伸びていくと思っているので、本書ではアメリカの株が入った投資信託をオススメします。

そこで、大人気の「米国株ファンド」の2本を比較してみました。

「楽天・全米株式インデックス・ファンド」は、CRSP USトータル・マーケット・インデックス（円換算ベース）と同じ動きをします。これは**アメリカ株式市場に上場しているほぼ100%の銘柄をカバーしている株価指数**です。

一方、**「eMAXIS Slim 米国株式（S&P500）」は、アメリカで超有名な株価指数であるS&P500（円換算ベース）と同じ動き**をすることを目指します。

現在のところ、２つの投資信託の成績はほぼ同じです。今後を踏まえて、リスクを細かく分散したいか、それとも500社に絞って手数料が安いほうがよいか、お好みでどうぞ!

「全世界株式ファンド」は"日本を含む"を選ぶ？

❶「eMAXIS Slim」全世界株式は2つある

（オール・カントリー）

（除く日本）

❷ 日本の割合はどれぐらい？

日本
5.5%
(2023年4月28日時点)

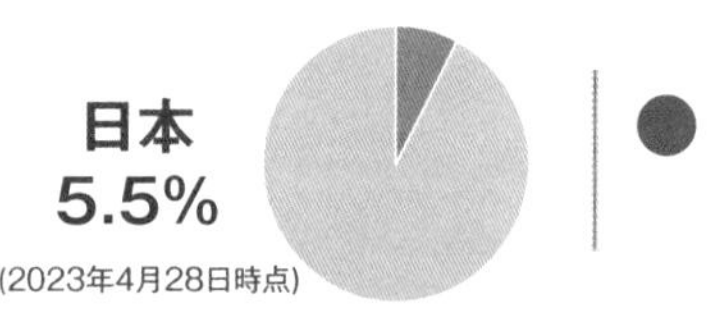

日本
0%

❸ どっちの成績がいいの？

ほぼ同じです

2018年	2019年	2020年
-7.5%	26.8%	9.0%

2018年	2019年	2020年
-8.2%	27.5%	9.0%

❹ つまり、どっちがいいの？

今後30年
日本に期待する人
↓
eMAXIS Slim
全世界株式
（オール・カントリー）

今後30年
日本に期待しない人
↓
eMAXIS Slim
全世界株式
（除く日本）

日本経済に期待するか、しないか、どっち？

アメリカ株だけでなく、全世界の株に投資したいという夢のようなことも、投資信託ならできます。

「全世界株式ファンド」というくらいだから、日本企業の株も入って当然だと思うのですが、オススメの「eMAXIS Slim」シリーズには、なんとご丁寧に日本の株を含む「eMAXIS Slim全世界株式（オール・カントリー、通称：オルカン）」と、日本の株を除く「eMAXIS Slim全世界株式（除く日本）」があります。**オルカンには全体の5.5%の日本株**が入っています。

今のところ、成績はほぼ同じ。手数料も同じなので、今後、**日本経済に期待する人は「オルカン」、しない人は「除く日本」**を選びましょう。

なお、「つみたてNISA」の投資信託は途中で変更ができるので、選択を間違えたと思っても大丈夫です。安心してください。

全米→全世界株に変えられる？

Aug. 2023

できます

今まで 全米株式 → 来月から 全世界株式

Sep. 2023

つみたてNISAの投資信託は、途中で買う銘柄を変更できるので、買いたい銘柄が変わっても大丈夫です。

投資信託は、毎年新しい商品が登場します。中身は同じようでも、よりコストが安い銘柄が登場することも珍しくありません。買う銘柄を変えることはできますが、現行のつみたてNISAの場合、下記の注意点もあります。

リアルな投資信託の「購入画面」

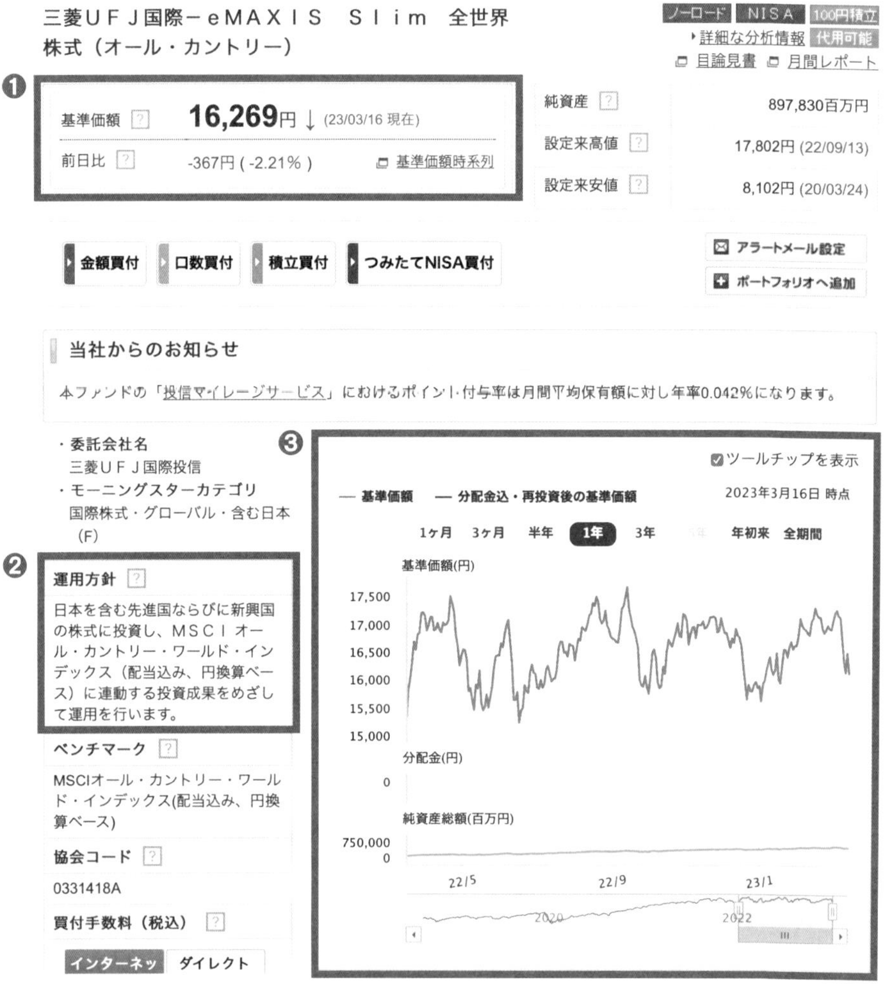

三菱ＵＦＪ国際－eＭＡＸＩＳ　Ｓｌｉｍ　全世界株式（オール・カントリー）

ノーロード　NISA　100円積立
詳細な分析情報　代用可能
目論見書　月間レポート

❶
基準価額　16,269円 ↓ (23/03/16 現在)
前日比　-367円 (-2.21%)　基準価額時系列

純資産	897,830百万円
設定来高値	17,802円 (22/09/13)
設定来安値	8,102円 (20/03/24)

金額買付　口数買付　積立買付　つみたてNISA買付

アラートメール設定
ポートフォリオへ追加

当社からのお知らせ

本ファンドの「投信マイレージサービス」におけるポイント付与率は月間平均保有額に対し年率0.042%になります。

・委託会社名
三菱ＵＦＪ国際投信
・モーニングスターカテゴリ
国際株式・グローバル・含む日本（F）

❷
運用方針
日本を含む先進国ならびに新興国の株式に投資し、ＭＳＣＩ オール・カントリー・ワールド・インデックス（配当込み、円換算ベース）に連動する投資成果をめざして運用を行います。

ベンチマーク
MSCIオール・カントリー・ワールド・インデックス(配当込み、円換算ベース)

協会コード
0331418A

買付手数料（税込）
インターネッ　ダイレクト

❸
ツールチップを表示
— 基準価額　— 分配金込・再投資後の基準価額　2023年3月16日 時点
1ヶ月　3ヶ月　半年　1年　3年　年初来　全期間
基準価額(円)
17,500
17,000
16,500
16,000
15,500
15,000
分配金(円)
0
純資産総額(百万円)
750,000
0
22/5　22/9　23/1
2020　2022

投資信託は、ネット証券のログイン後の画面から購入します。上はSBI証券の「eMAXIS Slim全世界株式（オール・カントリー）」の画面です。「目論見書」という商品パンフレットも右上のリンクからダウンロードできますよ（68ページ参照）。

❶本日の投資信託の値段（「基準価額」と呼ぶ）です。1日1回、22時ごろから順次更新されていきます。

❷この投資信託の「運用方針」が簡潔に書かれています。

❹

<金額指定>
なし
<金額指定（NISA預り）>
なし
<口数指定>
なし

信託報酬（税込）/年

0.1144%以内

信託財産留保額

なし

解約手数料（税込）

なし

約定日

ご注文日の翌営業日
（国内・海外の休場により遅れる場合がございます）

受渡日

約定日から4営業日後

決算日

4月25日

決算頻度

年1回

注文申込締切時間

2023/03/17　15:00
※2023/03/17　15:00以降は、2023/03/20　15:00となります。

休場日

当月：-
翌月：4/5、4/7、4/10

買付単位

金額：100円以上1円単位
口数：1万口以上1万口単位
積立：100円以上1円単位

売却単位

金額：100円以上1円単位
口数：100口以上1口単位

基準価額推移　過去データ

日付	基準価額	前日比
23/03/16	16,269円	-367円
23/03/15	16,636円	+351円
23/03/14	16,285円	-216円
23/03/13	16,501円	-417円
23/03/10	16,918円	-359円

基準価額騰落率（期間別）

期間	騰落率
前日比	-2.21%
1週間	-5.83%
1カ月	-6.72%
3カ月	-2.85%
6カ月	-4.76%
1年	+5.48%
3年	+78.00%
5年	-
10年	-
設定来	+62.69%

分配金実績　過去データ

決算日	分配金
2022/04/25	0円
2021/04/26	0円
2020/04/27	0円
2019/04/25	0円
----/--/--	-

分配金情報

次回決算予定日（権利取り最終申込予定日）	2023/04/25（2023/04/21）
直近分配金(税引前)	0円（2022/04/25）
設定来分配金	0円
年間分配金累計	0円
分配金利回り	-

※分配金利回りは、原則として毎月第1営業日夜間に、前月末までの年間分配金累計を元に算出します。

トータルリターン

	1ヵ月	6ヵ月	1年	3年	5年	設定来
本ファンド	2.61%	1.31%	8.62%	16.65%	--	71.31%
カテゴリ平均	2.23%	1.02%	5.55%	13.33%	--	--

（2023年3月16日時点）

❸折れ線グラフは価額の推移である「価額チャート」です。表示する期間によってチャートの形が変わるのでクリックしてみましょう。この動きから、「これから上がるかな、それとも下がるかな」や、「今は下がっているけれど、将来は上がるかも」などと、投資家は将来の動きを予測しています。

❹投資信託のプロフィールです。実際の動きが成績表のように表示されて一目瞭然です。

このように投資信託はすべてがデータ化されています。

リスクを理解しないと投資信託は買えない

「目論見書」という投資信託のパンフレット

リスクの説明は法律で定められている

投資信託は絶えず値段が動いている商品。そこに投資した自分のお金も絶えず上下していて、良い時も悪い時もあります。そこがリスクゼロの定期預金との違いです。

投資家にお金が減る可能性を理解させるために、投資信託は**「目論見書」というパンフレットを読まないと購入できない**と法律で決まっていて、目論見書にはどんな投資先にどれくらい投資するか、これまでの成績、手数料、リスクの説明などが書かれています。

証券会社の各ファンドの画面に「目論見書」のアイコンがあるので開いてみましょう。最後まで読んでチェックをしてから購入画面に進みます。

「目論見書」に記された内容の例

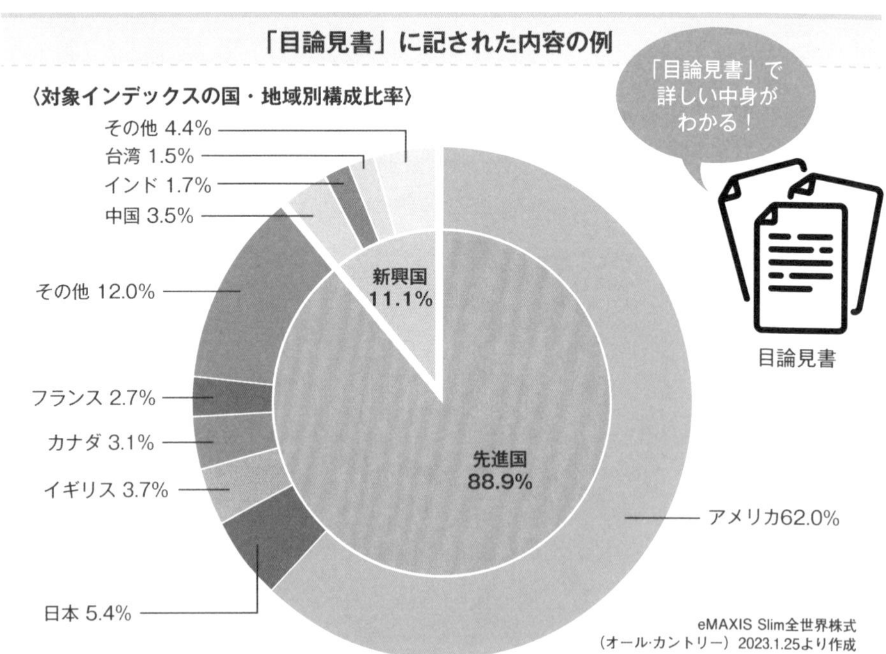

MSCI Inc.のデータを基に三菱UFJ国際投信作成（2022.9末）。表示桁未満の数値がある場合は四捨五入。

つみたてNISAの信託報酬 積み立てるたびに手数料がかかる

❶ 信託報酬って何？

投資信託を運用してもらう手数料

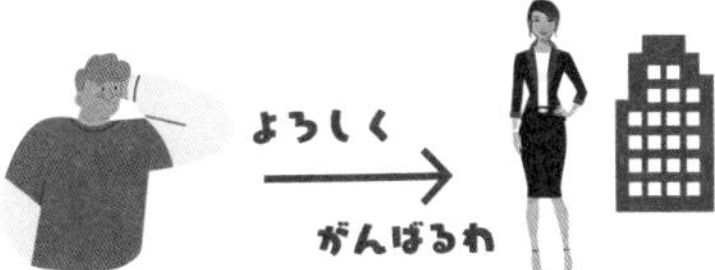

投資信託はプロに運用してもらうので、投資信託を保有している間は「信託報酬」という名の手数料を自動的に払い続けます。その手数料はピンキリで、例えば信託報酬が1％の投資信託だと、40年で777万円も払うことも！ インデックス型は組み入れる銘柄が決まっているので、0.1％前後の激安な手数料になっています。

❷ その手数料が何なの？

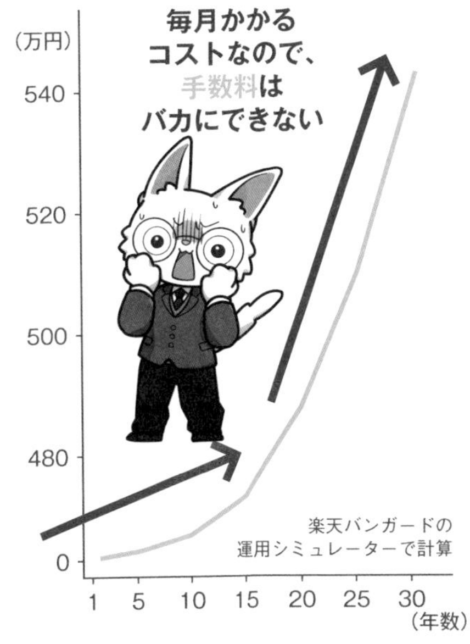

❸ 信託報酬0.1％だとコレ

期間が長いほど、手数料がかかる

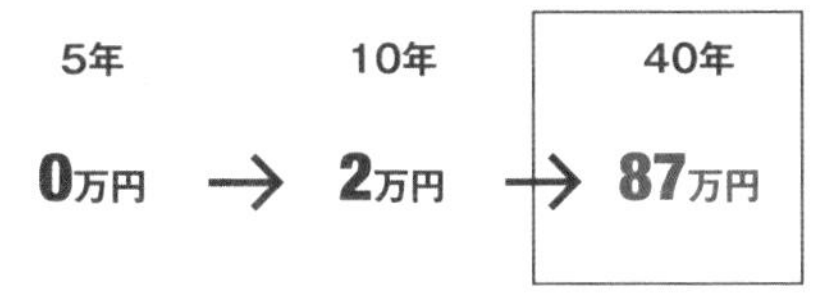

月3.3万円積立（年利4％）の場合

❹ 信託報酬1％だとコレ

信託報酬を甘く見ると大損です

5年	10年	40年
4万円 →	21万円 →	777万円

やばいよー

月3.3万円積立（年利4％）の場合

積立の設定日は「中旬」がいい!?

NISAで投資できる枠の期間は、毎年1月1日～12月31日です。証券会社の営業終了日は通常は12月30日（土日が重なった場合は、前営業日）なので、積立日を月末にしてしまうと、12月の積立ができない可能性があります。積立日の設定は安全パイで「中旬」がよいでしょう。

受渡日が枠が使える日です

つみたて設定日

NISA枠が使える日

開始後のことを
知っておけば
安心できる

つみたてNISAは ほったらかしでOK！

保有中のチェックポイント

❶ 資産状況を予想しよう

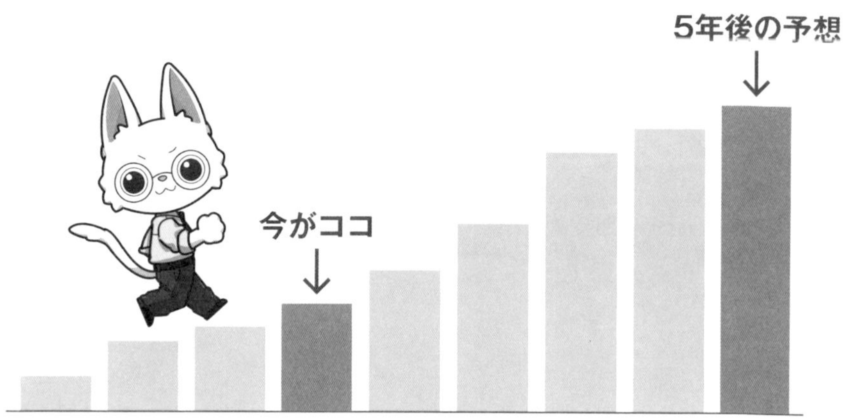

お金が増減しても 一喜一憂しないこと

「つみたてNISA」を始めたあとは、証券会社のアプリでお金がちゃんと運用されているかどうかをチェックすること。**市場の動きを肌で感じることで、投資が身近になる**でしょう。

ただし基準価額の上がり下がりでお金が増減するので、一喜一憂するのは体にも心にもよくありません。下がると不安になりますが、それは安く買えるチャンスでもあります。

資産状況はアプリで 簡単にチェックできる

SBI証券
かんたん積立

↑
超便利アプリ

- つみたてNISAの 資産状況がすぐわかる
- 投資信託の変更も すぐできる

プロが書く渾身のレポートを読もう

投資信託は手数料を払って投資のプロに運用を任せるので、プロから定期的に、今、どんな状況なのかが書かれた「月次レポート」や、半年または年に1回の「運用報告書」がネットで届きます。そこには、なぜ上がったか、あるいは下がったかが書かれているのはもちろん、今後の展望なども書かれています。

プロが書く渾身の**レポートを読んで、今後、自分のお金をどうするかを考えて**みましょう。

❷ 積立額の変更を検討しよう

収入アップ（転職・昇給）

→

積立額を増やす

❸ 今年のNISA投資枠が使えるかチェック

NISAの投資枠

ボーナス分を追加！

積立投資 毎月1万円	積立投資 10万円	年間 21万円
1月～11月	12月	

お金が必要になったら投資信託を売る

❶ つみたてNISAは途中で売れる

いつでも売却OKです

現金にできる

❷ でも非課税枠は元に戻らない

つみたてNISAで20万円買う → 同じ年にその分を売る → 投資枠は元に戻らない

投資枠 40万円 → 20万円 20万円	残りの投資枠 20万円	投資枠 ✕ 20万円

つみたてNISAは、基本的に解約せずに長期間、運用することを目的としています。とはいえ、途中でお金がどうしても必要になったら売却することができます。

ただし、売ったとしても、税金がかからない非課税枠は年内は元に戻りません。なぜなら政府は長期間での資産形成をしてほしいので、「買った」「売った」を短期で繰り返すデイトレーダーのような投資を推奨していないからです。

「つみたてNISA」の次の一手はコレだ

❶ 家族分のNISA枠を使う

2023年まで

夫
非課税枠
年40万円

＋

妻
非課税枠
年40万円

＝

世帯
非課税枠
年80万円

夫は「つみたてNISA」、妻も「つみたてNISA」を実行すれば、税金のオトク枠は2倍になる。夫は全米株ファンドで、妻は全世界株ファンドという選択で、増え方を確認しながら投資談議をする夫婦になるのもよし。

❷ 税金がかかる口座で積立投資

NISA口座
NISAの口座
（非課税）

特定口座
一般の口座
（20%課税）

NISA枠を超えて積立投資をしたいなら、利益に税金はかかるけれど一般の口座で積立投資をすることを考えよう。積立はほったらかしていても自動的に運用されていくので、投資に時間をかけられない忙しい人にオススメ。

❸ iDeCo（個人年金）と2本立てで投資

個人型確定拠出年金【イデコ】

①2022年10月から
　加入しやすくなった

②最大メリットは「節税」

③注意点：60歳まで引き出し不可

iDeCoとは個人型確定拠出年金のこと。NISA同様、投資信託を主体として積み立てることで、税金がオトクになる制度。NISAはマイホーム資金や子どもの教育資金に、iDeCoは老後資金にと、目的別に使い分けるのが賢い方法。

❹ 高配当の個別投資にチャレンジ

・配当は働かずに手に入る魅力的な収入の一つ

・ただし適切な銘柄選びは知識と経験が必要

資金に余裕があれば、個別の株に挑戦しよう。「新NISA」の成長投資枠で年240万円までの株の投資なら利益に税金がかからない。狙うは経営が安定していて、過去にまんべんなく配当が出ている株。配当株なら株の値上がり益プラス配当が狙える。

投資するなら「目標」を決めよう

現在、年金がもらえるのは全員65歳から。その金額は、ザックリですが１人当たり５～15万円程度。もしも貯蓄がゼロなら、年金の範囲で生活することになりますが、ちょっと心許ないですよね。

そこで現役時代にせっせとお金を増やしておきたいわけですが、目標があるほうが、がぜんヤル気が出るというもの。そこで老後を30年間と仮定し、自身が年金にプラスしたい金額から目標の貯蓄額を逆算してみましょう。

例えば360万円貯めると毎月の年金に＋1万円

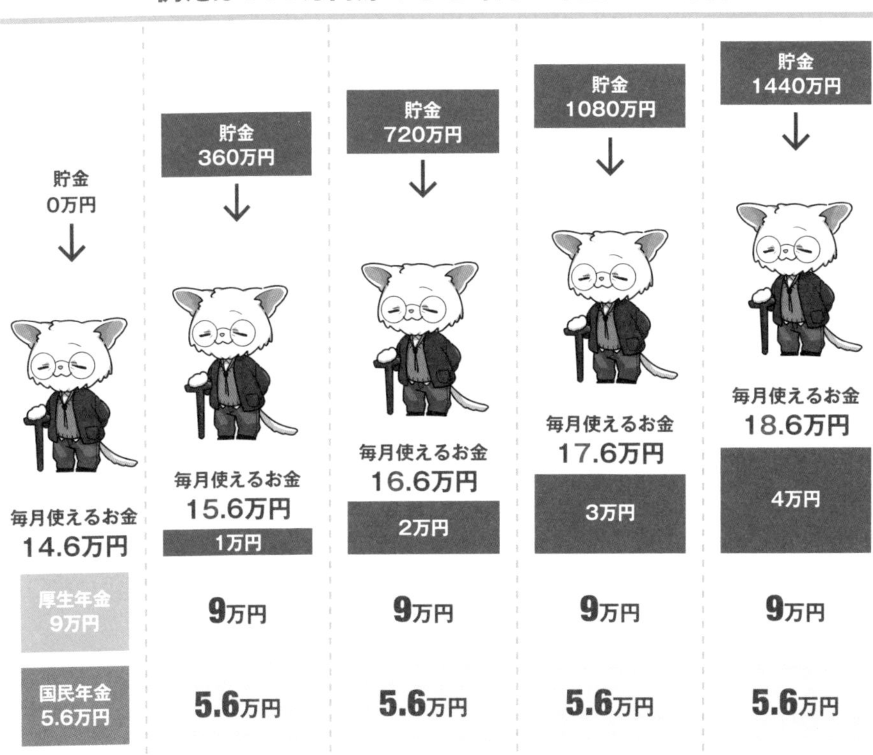

＊企業年金がない会社員の年金平均額（65～95歳の30年間を想定）
出典：「令和2年度厚生年金保険・国民年金事業の概況」厚生労働省

360万円貯めると、95歳までは年金に毎月1万円上乗せした範囲で生活できます。720万円貯めればプラス2万円、1080万円貯めればプラス3万円、1440万円貯めればプラス4万円です。もしも1800万円貯めればプラス5万円で、生活費は19万6000円にもなります。

COLUMN

投資信託を名前だけで決めないで

❶「グローバル」付きの投資信託は多い

「グローバル（全世界）」と名前がつく投資信託の例

- My SMTグローバル債券インデックス
- SMTグローバル株式インデックス・オープン
- グローバル・リート・インデックスファンド

❷でも中身は「グローバルじゃない」モノも

三菱UFJグローバル・ボンド・オープン「愛称：花こよみ」

＊通貨ベースの組入割合

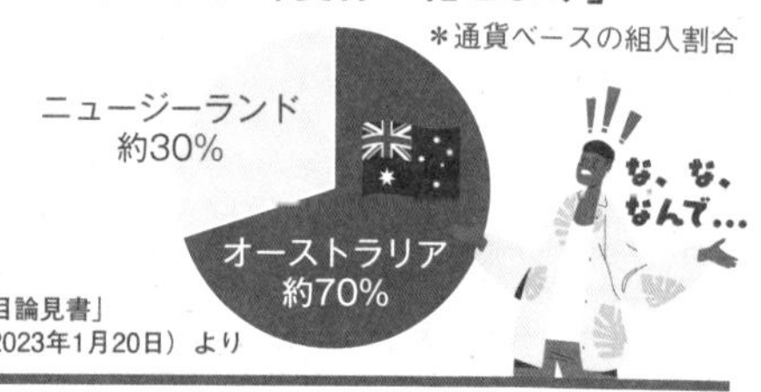

「目論見書」（2023年1月20日）より

❸「ほぼ、アメリカ」のモノも多い

ラサール・グローバルREITファンド

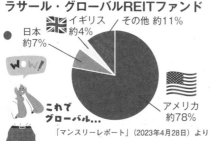

日本 約7%
イギリス 約4%
その他 約11%
アメリカ 約78%

WOW!

これでグローバル…

「マンスリーレポート」（2023年4月28日）より

❹名前だけで決めるのはNG

- 投資信託の「目論見書」を見よう
- 「目論見書」で中身をチェックしてから購入しよう

「グローバル」にもいろいろある

投資信託にはさまざまな名前が付いていて、パッと見だけでも「グローバル」「ハイイールド（高利回り）」「成長」「安定成長」「オープン」「先進国」「スマート」「プラス」「達人」「毎月分配」「日本株4.3倍」など、目を引くワードが並んでいます。

けれども、名前に「グローバル」（全世界）という言葉の付いている投資信託のなかには、中身が全く全世界になっていないモノがあるなど、名前だけで投資信託を決めると失敗する可能性があります。全世界に分散投資するつもりが、ある地域や国に偏ってしまい、リスクが全く分散できていないこともあります。

投資信託を買うときは、“よさげ”な言葉に惑わされず、どこに、どれくらい投資をするか、中身が書いてある「目論見書」をよく読んでから決めてくださいね。

iDeCo
（個人型確定拠出年金）

「iDeCo」とは自分で運用する年金のこと

名前は長いけど難しくない「個人型確定拠出年金」

「確定拠出年金」って何?

自分で運用して
金額が決まる年金

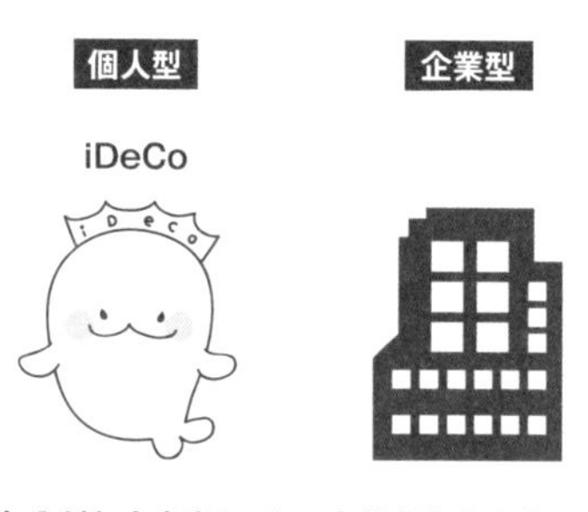

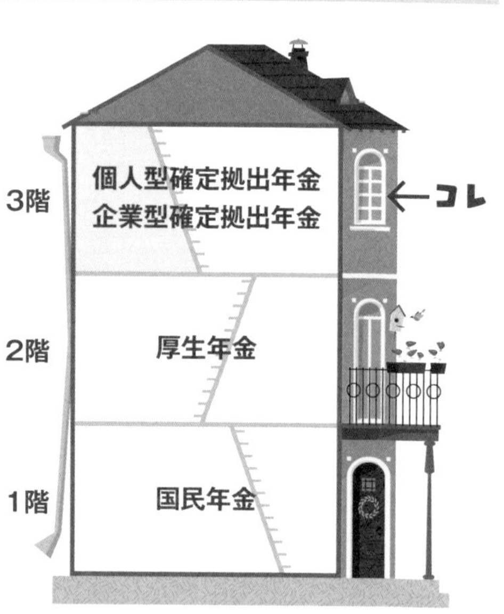

投資信託の積み立てで年金が増えるかも!?

「確定拠出年金」（通称：日本版401k）なんて難しそうですが、簡単に言うと**「自分で運用して金額が決まる年金」**のこと。

この確定拠出年金には、「個人型」と「企業型」という2つのタイプがあります。2つのタイプのうち、**個人で運用する「個人型」の確定拠出年金が**「個人型確定拠出年金」で、**通称「iDeCo（イデコ）」です。**ちなみに、企業が運営する「企業型確定拠出年金」は通称「DC」。

iDeCoは老後に向けて毎月、同じ額を、あらかじめ選んだ商品で運用していくもので、NISAと同じように、主に投資信託を積み立てていきます。

また、iDeCoをするだけで税金が安くなります。老後の資金が貯まり、税金が安くなるという、超オトクな制度なのです。

❶ iDeCo って何？ なんで必要なの？

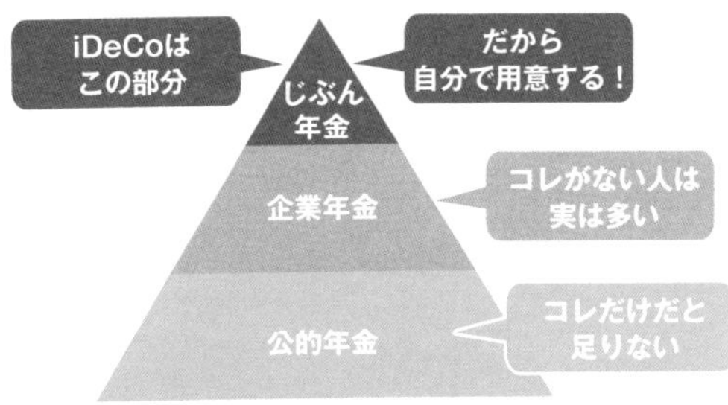

❷ iDeCoのメリットは？

税金を安くできる

- 積立金は所得控除
- 運用益は非課税
- 受取時も控除あり

10年で200万円 手取りアップも可能

- 所得が400万円の自営業者が最大に拠出した場合

❸ iDeCoの特徴は？

途中で引出不可だから強制的に貯蓄できる!!

月々5000円から始められる

20~64歳なら誰でも加入できる

自営業者　フリーランス 専業主婦・専業主夫	会社員（企業年金なし）	会社員／公務員（企業年金あり）
iDeCo（個人年金）で年金が手厚く！ ↓	iDeCo（個人年金）で年金が手厚く！ ↓	

年金月額5.6万円	平均年金月額14.6万円	平均年金月額20.6万円
		企業年金6万円（確定拠出年金の平均給付額　企業年金連合会）
	厚生年金9万円	厚生年金9万円
国民年金5.6万円	国民年金5.6万円	国民年金5.6万円

（65歳で受給開始の場合）

老後資金を貯める決定版！

「国民年金」や「厚生年金」は公的年金で、国の制度です。一方で「企業年金」は、その制度がある会社と、ない会社があり、勤め先によって違います。

iDeCoは自分で運用する年金なので、やるかやらないかは自由。けれども、国の年金だけでは老後の生活費が足りない人が多いので、若いうちからiDeCoで積み立てることで、税金を安くしつつ、将来の年金を増やすことができるんです。

いつでも解約ができるNISAと異なり、iDeCoは60歳まで解約・引き出しができませんが、「老後の資金を死守できる」と考えれば、それもメリットともいえます。

iDeCoの最大のメリットは税金が安くなること

税金が安くなる機会は3回も！

❶ 毎年、税金が全額所得控除になる

年収500万円の人が
月2万円iDeCo（拠出）をしたら
（30歳の人が65歳まで運用した場合）

35年でこんなに税金が安くなる

自営業者の場合
252万円
24万円×30%（所得税＋住民税）
＝7.2万円×35年

iDeCoの毎月の掛け金は所得控除になるので、毎年、所得税と住民税が安くなる。自営業者が35年間、月2万円ずつiDeCoをしたら、252万円も節税に。

❷ 運用益に税金がかからない

投資で100万円の
利益が出たら

普通の投資	iDeCo
税金 20.3万円	税金 0円

NISAと同じで、運用中に出た利益に税金がかからない。例えば、運用で100万円の利益が出たら通常は税金が約20万円かかるが、iDeCoは税金を引かれることなくまるっと手に入る。

❸ 年金を受け取る時に節税できる

「年金」で受け取る場合

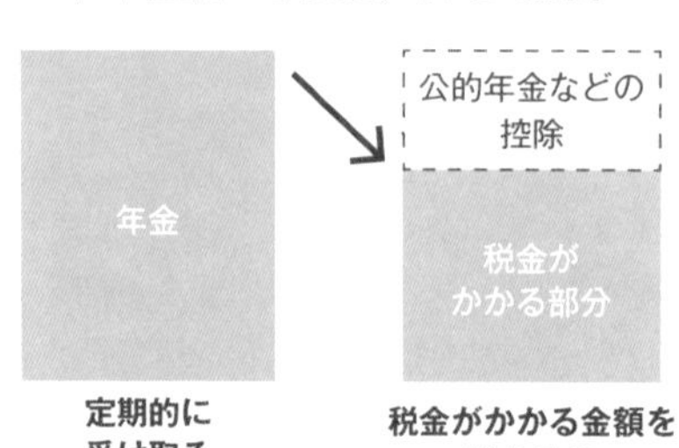

「一時金」で受け取る場合

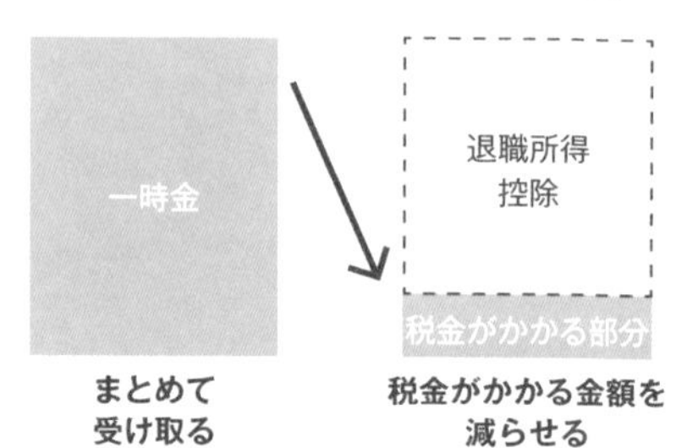

iDeCoの年金を受け取れるのは、原則60歳から。一時金として一括で受け取るなら「退職所得控除」、年金として5～20年に分けて受け取るなら「公的年金等控除」が利用できる。どちらも税金がかかる部分を減らせるので、その分税金が安くなる。

税金は、何年で、いくら安くなるの？		
	（企業年金がない）会社員 月の掛け金2万3000円（上限）	自営業 月の掛け金6万8000円（上限）
1年で	8.3万円	24.5万円
5年で	41万円	122万円
10年で	83万円	245万円
20年で	166万円	490万円

税金は、誰が、いくら安くなるの？		
誰が	いくら税金が安くなるの？	
公務員	1年間で	4.3万円
	20年間で	86万円
企業年金がある会社員	1年間で	4.3万円
	20年間で	86万円
企業年金がない会社員	1年間で	8.3万円
	20年間で	166万円
自営業者	1年間で	24.5万円
	20年間で	490万円

＊所得が330万～695万円のケース

掛け金が所得控除になるのは大きなメリット。例えば所得330万～695万円の企業年金のない会社員がiDeCoを20年間、月2万3000円ずつ積み立てると166万円、自営業者が20年間、月6万8000円ずつ積み立てると、なんと490万円も節税ができる。

まとめ ねこみち

同じ積み立てですが、「つみたてNISA」よりも「iDeCo」が勝っているのは節税メリットです。年金と節税の両面から考えて、iDeCoは資産を「守る」ための大きな武器になりますね

iDeCoで年金を増やす

iDeCoを	していない人	している人
❶ 会社員（企業年金あり）	企業年金 厚生年金 国民年金	iDeCo 企業年金 厚生年金 国民年金
❷ 会社員（企業年金なし）	厚生年金 国民年金	iDeCo 厚生年金 国民年金
❸ 自営業・フリーランス	国民年金	iDeCo 国民年金

投稿：ねこみち

iDeCoのおかげで、年金が不十分な人、年金に不安がある人でも、おトクに節税をしながら、年金を積み増せるようになりました。年金に不安がある人、税金を安くしたい人はぜひ検討してみてください

投稿：まねきねこさん

私は自営業なので国民年金しかありません。iDeCoが月6万8000円まで積み立てられるのは、会社員と同じくらいの年金をもらうためなのね。納得！

❹ 年金はいくらもらっている？

国民年金加入者の平均月額	厚生年金加入者の平均月額（独身のケース）
月5.6万円	14万6145円

（2020年度末時点）出典：「令和2年度厚生年金保険・国民年金事業の概況」

iDeCoは投資信託、保険、定期預金をバランスよく

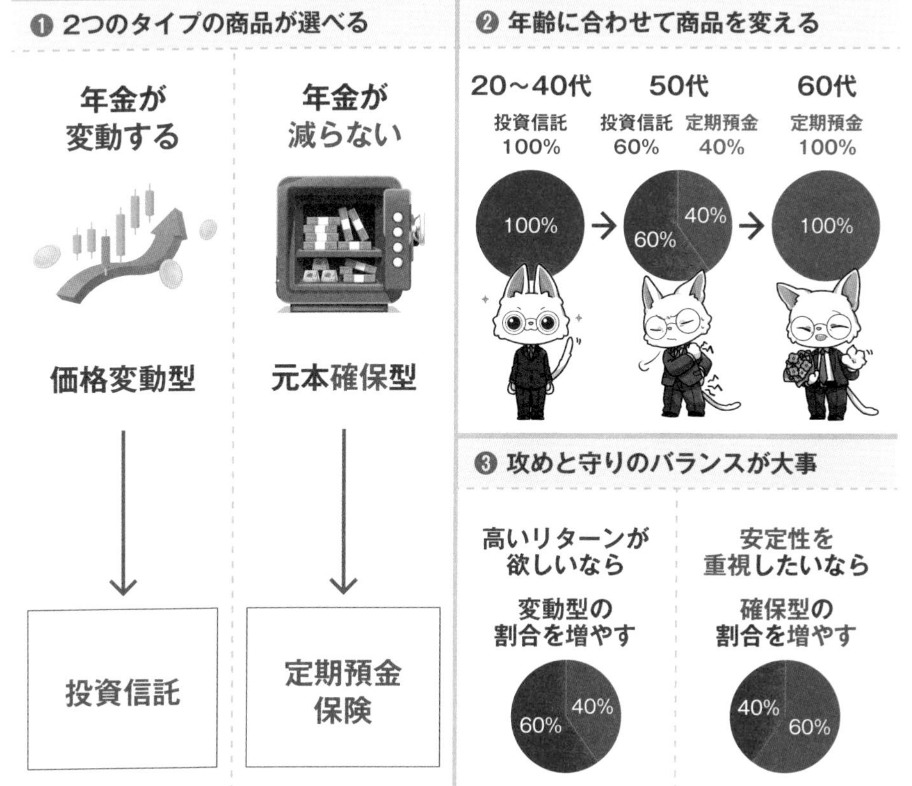

運用の「攻め」と「守り」で年金を増やす

iDeCoで運用できる商品には、投資信託の価格変動型と、定期預金と保険の元本確保型があります。さながら、運用の「攻め」と「守り」です。複数ある金融商品から1つを選ぶというのではなく、**掛け金を小分けにして複数を積み立てる**ことができます。

NISAとは異なり、**定期預金を選んでもOK**です。ただし利率が低いので、年金はほとんど増えず、iDeCoを活用する意味が半減します。ですから大半の人が投資信託を選択し、コツコツと老後資金を増やそうとしているのです。

図❷を見てください。20～40代は老後まで運用する期間が長いので、投資信託100%の「攻め」のスタイルで。50代は攻守をバランスよく、60代になったら定期預金に100%シフトして「守り」に入る、なんてこともiDeCoならできちゃいます。

iDeCoの概要

選べる商品		定期預金、保険、投資信託など
運用方法		積み立て方式
税制優遇	拠出時	掛け金は全額所得控除 （所得税・住民税）
	運用時	運用収益は非課税 （通常は20.315%の税金がかかる）
	受取時	年金方式 公的年金等控除 一時方式 退職所得控除

ただし、"条件"や"制限"はある

掛け金は職場や職業によって上限アリ

「3つの機会で税金が安くなるiDeCo」は、老後のお金として最強の貯めワザでしょう。しかし、超オトクだからこそ、いくつかの制限や条件があるのは仕方のないところ。

国は無限大に税金を安くするわけにはいかないので、職場や職業などによって上限額が細かく決まっています。会社員で会社に確定拠出年金のある人と公務員は年14万4000円まで、自営業者は年81万6000円までが所得控除の対象です。iDeCoの掛け金の上限額です。

iDeCo 掛け金の上限額

第2号被保険者	公務員	月1万2000円 （年14万4000円）
	「企業型確定拠出年金」「確定給付企業年金」 両方に加入している会社員	月1万2000円 （年14万4000円）
	「確定給付企業年金」 だけに加入している会社員	月1万2000円 （年14万4000円）
	「企業型確定拠出年金」 だけに加入している会社員	月2万円 （年24万円）
	会社に企業年金のない会社員	月2万3000円 （年27万6000円）
第1号被保険者 任意加入被保険者	自営業者・フリーランス	月6万8000円 （年81万6000円）
第3号被保険者	専業主婦・主夫	月2万3000円 （年27万6000円）

最大のデメリットは60歳まで引き出せないこと

いったんiDeCoを始めると、原則60歳の誕生日月までずーっと続けることになり、途中解約、途中引き出しは不可。でも、積立を一時的に止めたり、積立金額を変更したりすることはできます。

iDeCoの素朴な疑問Q&A

❶ 積立（拠出）を止められる？

停止できる

「加入者資格損失届」を提出する

金融機関

収入が減って積立を一時的にストップしたい時は、金融機関に「届け出」を出すことでできる。
しかし、iDeCoの解約はできない。

❷ 拠出額の変更はできる？

変更できる

「加入者掛金変更届」を提出する

金融機関

金融機関に「届け出」を出せば、年1回は掛け金の変更ができる。
掛け金は月々5000円から1000円単位での変更が可能。

❸ 商品の入れ替えはできる？

投資信託 100%

入れ替えできる

投資信託 60%

40%
60%

定期預金 40%

商品を入れ替える「スイッチング」ができる。

❹ 年末調整や確定申告は？

iDeCo払込証明書 → 入力するだけ → 控除の申告書

年末調整

iDeCo払込証明書 → 入力するだけ → 申告書 第1,2表

確定申告

会社員はiDeCoから郵送されてくる「払込証明書」を会社に提出して“年末調整”をしてもらう。
自営業の人は“確定申告”で小規模企業共済等掛金控除をし、申告書に「払込証明書」を添付する。

iDeCo
計画的にやれば、
効果も
最大限になる

積立サイクルは自分で決める

あなたはまとめ年払い派？　コツコツ月払い派？

❶ iDeCoは「年払い」も「月払い」もできる

年払い
1年分を1回で積み立てる

月払い
毎月、積み立てる

❷「年払い」のメリット

手数料を節約できる

年払い	月払い
年間で 105円	年間で 1260円

❸「月払い」のメリット

購入価格を平準化できる

年払い　月払い

「年払い」と「月払い」のメリット・デメリット

iDeCoは1年分を1回で積み立てる「年払い」もできます。**年払いのメリット**は、国民年金基金連合会に払う手数料（掛け金納付のたびに105円）を年1回しか払わずにすむので、月払いに比べて**手数料が節約できること。**ただし、その時の「投資信託の基準価額」が高いか安いかはわかりません。あとで振り返って「年払いの時、高い価額で買ってしまったんだなぁ」となったら、それはデメリットです。

「月払い」は毎月同じ金額で買い付けるので、基準価額が高い時には少なく買い、低い時には多く買うことになり、結果的に**購入価額が平準化されるのがメリット**です。

❹「年払い」の注意点

購入価格がブレやすい

割高な時に買ってしまうリスクがある

前払いはできない

1月に1年分（1-12月分）はNG

12月に1年分（1-12月分）はOK

いくら増える？　開始年齢別シミュレーション

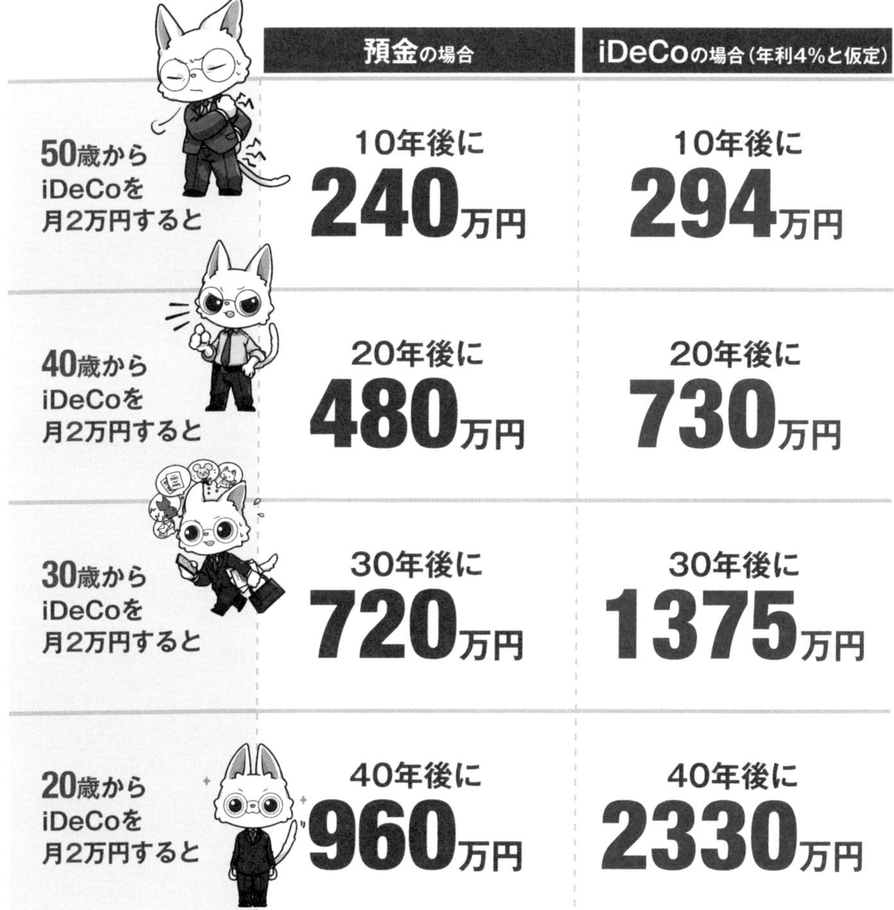

	預金の場合	iDeCoの場合（年利4%と仮定）
50歳から iDeCoを 月2万円すると	10年後に 240万円	10年後に 294万円
40歳から iDeCoを 月2万円すると	20年後に 480万円	20年後に 730万円
30歳から iDeCoを 月2万円すると	30年後に 720万円	30年後に 1375万円
20歳から iDeCoを 月2万円すると	40年後に 960万円	40年後に 2330万円

今が一番若いから、始めるなら今でしょ！

iDeCoは老後資金専用なので、今から始めると「60歳－自分の年齢」の期間、運用することができます。

例えば、現在20歳の人がiDeCoで月2万円を積み立てるとしましょう。年4%で増えていくと仮定したら、40年後の60歳には2330万円！　積立預金の倍以上に増えています。これなら老後2000万円問題をらくらくクリア！

では、現在50歳の人が60歳までの10年間、月2万円を銀行で積立預金したら？　240万円ですね。でもiDeCoで年4%で運用できたとしたら、294万円になります。やっぱり**何歳からでもiDeCoで投資にチャレンジしたほうがよい**と思いませんか。

iDeCoを始めるまでの流れ

iDeCoの口座を開く

❶ 金融機関を選ぶ

一番オススメ	チェックポイント
ネット証券	①商品数の多さ ②手数料の安さ

iDeCoは開設した金融機関に毎年「口座管理手数料」を払う。無料のところから、年7000円を超えるところまであるので、慎重に選ぼう。例えば、SBI証券の運営管理手数料は無料、商品数はトップクラス。加入者数も最も多い。

❷ 必要なモノをそろえる

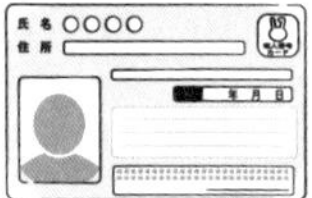

本人が確認できるモノ

印鑑と通帳

年金手帳

口座を開く金融機関から、資料（口座開設書類）を取り寄せる。主な書類は、加入申込書（年金番号と印鑑が必要）、預金口座振替依頼書。会社員と公務員は勤務先からもらう「事業主の証明書」が必要。

❸ 口座開設を申し込む

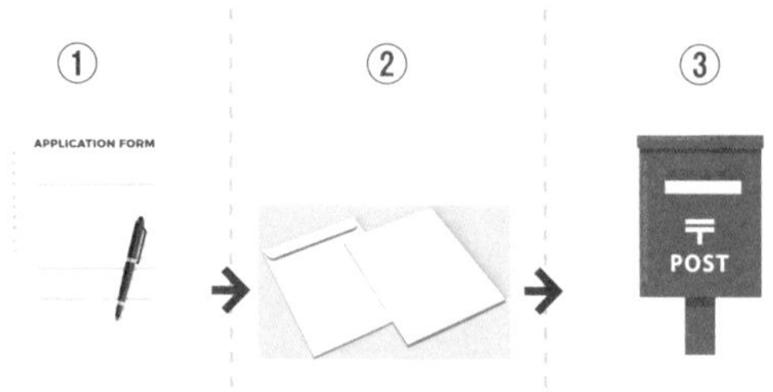

① 資料を取り寄せる → ② 1～2週間で資料が届く → ③ 申込書に記入し郵送。完了

申込書に必要事項を書き、印鑑を押し、本人確認書類のコピーを添付して、口座を開く金融機関に郵送する。会社員と公務員は「事業主の証明書」も同封する。

約1カ月後にiDeCo専用口座の口座番号とパスワードが郵送で届く。NISAと違いiDeCoの口座開設には時間がかかる。

勤務先に証明書の作成を頼む

iDeCoは勤務先の年金制度によって掛け金の上限額が異なるので、勤務先の年金担当者にお願いし、企業年金の加入の有無を証明する「事業主の証明書」の添付が必要です。毎年6月に勤務先へ加入者リストの書類が届き、企業年金の加入状況が変わっていないか定期的に問い合わせがくることも担当者に伝えましょう。

投稿：熊猫さん

iDeCoやりたいけれど、会社の年金担当者に証明書を頼まなければいけないの？ちょっとヤだな(-_-;)

返信：ねこみち

iDeCoは手続きがちょっと面倒だけど、そこをクリアしてしまえばこっちのもの！　勤務先の会社はiDeCoに入りたい人に協力するよう法律で定められていますよ

iDeCoはどこで始めるといい？

❶ 加入手数料（どこも同じ）

楽天証券	SBI証券	ゆうちょ銀行	三菱UFJ銀行
2829円	2829円	2829円	2829円

支払先は、国民年金基金連合会

❷ 商品数（バラバラ）

楽天証券	SBI証券	ゆうちょ銀行	三菱UFJ銀行
32	38 ターゲットイヤーファンド（運用の目標時点に合わせ資産配分比率を自動調整してくれる投信）4本含む	34	33 （標準コース）

❸ 口座管理手数料（バラバラ）

楽天証券	SBI証券	ゆうちょ銀行	三菱UFJ銀行
171円	171円	430円	556円 （標準コース）

基礎年金番号はどこにある？

1234
5678
90

申込書には基礎年金番号を書く欄があります。番号は青色の年金手帳か、国民年金保険料の口座振替額通知書、国民年金保険料の納付書、領収書などにあります。

誕生月に届く「ねんきん定期便」には、不正利用防止のため年金番号は書かれていません。どうしてもわからない人は「ねんきんダイヤル」に問い合わせると、後日、基礎年金番号が記載された書類が郵送されてきます。

iDeCo

60歳まで積立、
60歳から使う
自分年金

60歳になったら お金を受け取る

3種類あるiDeCoの受け取り方

❶ iDeCo の受け取り方は 3 通り

一時金で一括受け取り	年金で少しずつ受け取り	一時金＋年金で受け取り
		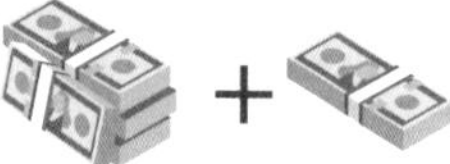

❷ 一括で受け取る場合

①持ってる商品を全て売る

→ ②税金を納める

→ ③残りを一括で受け取る

❸ 年金で受け取る場合

①持ってる商品を少しずつ売る

→ ②税金を納める

→ ③コツコツ分割で受け取る

❹ 受け取る時も節税ができる

退職しました！
申告します

一括で受け取る場合

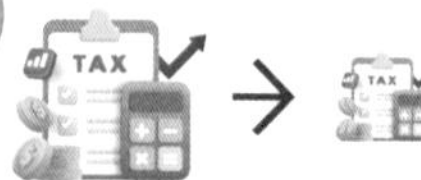

「退職所得控除」で節税できる

年金
受け取りました！
申告します

年金で受け取る場合

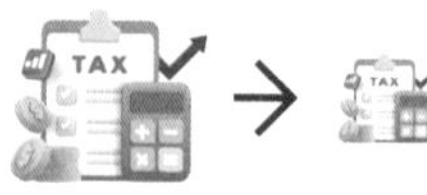

「公的年金等控除」で節税できる

iDeCoで積み立てたお金は、60～75歳の間に受け取ります。自分で受け取り開始時期を選べるのです。受け取り方には「一括（一時金方式）」「少しずつ分割（年金方式）」「併用スタイル」の3種類があります。

実は大半の人が一括でお金を受け取っています。「手続きを一度ですませたい」「受け取るたびに手数料（440円）がかかる分割はイヤ」「自分は退職金が少ないから一括でもらったほうが税金がトク」などの理由からです。

iDeCoの加入期間

iDeCoが受け取れる年齢は加入期間によって異なり、10年に満たなければ受給可能になる年齢が繰り下げられます。具体的には、8年以上10年未満は61歳から、6年以上8年未満は62歳から、4年以上6年未満は63歳からです。

投稿：まねきねこさん

自分には「NISA」と「iDeCo」の両方の積み立てはやっぱり無理。ぶっちゃけどっちがいいのか教えて

返信：ねこみち

NISAはいつでも現金化できますが、iDeCoは60歳まで受け取れません。だから自由に使える手元のお金が少ない人はNISAから。手元のお金はある程度あり「節税したい」「年金が少ない」人はiDeCoも検討してみてください

投稿：海猫さん

受け取り方は60歳になる間際に考えればよいですよね？

返信：ねこみち

はい！　今は積み立てることだけに専念しましょう。受け取り方で税金が大きく変わってくるので、慎重に検討してください

iDeCoは**一括で受け取ると「退職所得控除」**が使え、（5年以上20年以下の）**分割で受け取ると「公的年金等控除」が使えます。**どちらも税金がオトクになりますが、受け取り方で税金は違ってくるので、受け取り方法を決める際は最新の税制を確認してください。会社員が退職金とiDeCoを同時に受け取ると「退職所得」として合算されて、「退職所得控除」をオーバーして税金がかかる可能性があります。

万が一、60歳前に亡くなってしまったら、それまで積み立ててきたお金を**「死亡一時金」として全額、遺族が受け取る**ことができます。

COLUMN

iDeCo、NISA、つみたてNISAのおさらい

	iDeCo	一般NISA	つみたてNISA	新NISA
❶ 節税になる時	 ①投資で儲けた時 ②投資する時 ③受け取る時	 投資で儲けた時 のみ	 投資で儲けた時 のみ	 投資で儲けた時 のみ
❷ 手数料の違い	加入時:2829円 (収納手数料) 月額105円 (事務委託手数料) 月額66円 (口座管理料) 月額0〜450円	多くの ネット証券では 株式の 売買手数料が無料	投資信託の 販売手数料は 無料だが、 信託報酬は 銘柄によって違う	一般NISA、 つみたてNISAと 同じ可能性が高い
❸ 選べる商品の違い	保険 定期預金 投資信託 **選択肢が 限定的**	株式 ETF REIT 投資信託 **選択肢が 幅広い**	ETF 投資信託 **選択肢が 限定的**	成長投資枠は 一般NISAと ほぼ同じ、 つみたて投資枠は つみたてNISAと ほぼ同じになる 可能性が高い

	iDeCo	一般NISA	つみたてNISA	新NISA
❹ 投資できる金額（年間）	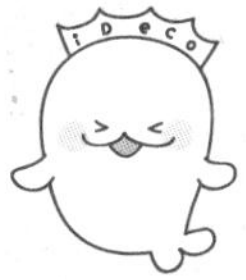 14.4万～81.6万円（勤務先によって違う）	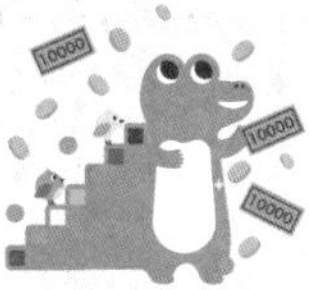 年間120万円	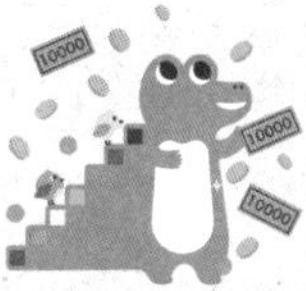 年間40万円	パワーアップ 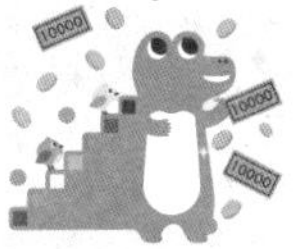 年間360万円（成長投資枠240万円）
❺ 税金がかからない期間	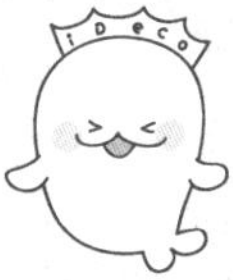 最長45年間（20歳から65歳まで）	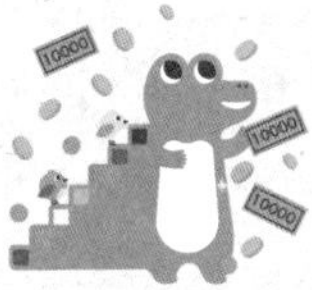 5年間	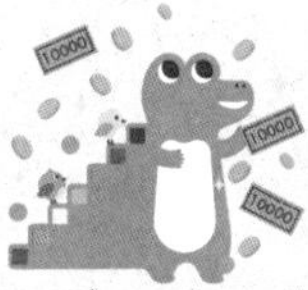 20年間	パワーアップ 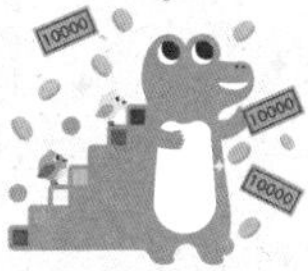 無期限
❻ 現金化（引き出し）できる？	強制的に貯められるメリットもある 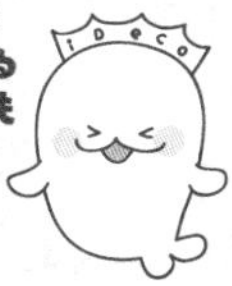 60歳まで引き出しNG	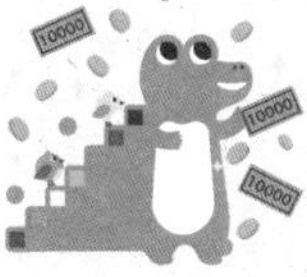 いつでもOK	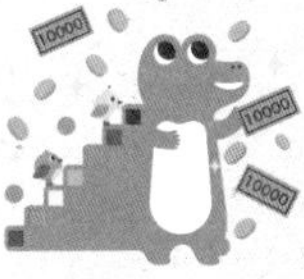 いつでもOK	資産形成が続かないデメリットにもなる 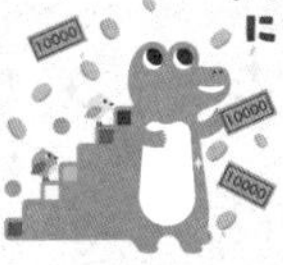 いつでもOK

守る!

お金を減らさないための「防衛術」

「節約」「節税」で支出を減らす…93

知っておきたい「社会保険」……109

副業、勉強、ふるさと納税など…121

「節約」「節税」で支出を減らす

頑張っていないけど

お金が「ある」人

毎月天引で2万円
投資信託を積み立てる

HOUSE
家の値段は
年収の5倍

STRESS
ストレス発散は温泉

BOOKS
お金の本を
10冊持っている

一見フツウなのに、実はお金持ちの特徴

毎月の収入の
7割で生活する

収入源が複数ある

頑張っているけど
お金が「ない」人

毎月余った
1000円を
銀行に預金する

家の値段は
年収の10倍

ストレス発散は
買い物

お金の本を
持っていない

読書は1日50分

運動が
1日50分

家族友人との
時間を大切にする

小さな節約に
気を取られると
大きく節約できない

小さな節約より大きな節約 3大支出を見直そう

平均的な
家庭でもこんなに
かかってるよ

人生の3大支出で1億円超え

生涯の
手取り収入
約2億円
（男性）

約6200万円
（初期費用/ローン/
利息/税金等含む）

約3700万円
（維持費込）

約1500万円

教育費

老後資金

その他

❶ 家＊1、＊2
借金までして買う、人生最大の買い物マイホーム！　でも買った後も保険や税金、修繕費、マンションなら共用費や修繕積立金などランニングコストがかかる。

❷ 車＊3
ガソリン、保険、税金、駐車場代……、まさに車は「走る金食い虫」。買うにしても中古を選択肢に入れる、または車を使わない方法はないかを考えよう。

❸ 保険＊4
私たちは年金保険、健康保険、雇用保険などすでに多くの保険に入っている！　公的保険で足りない部分だけ民間保険で補うために、公的保険の理解は必要不可欠。

出典：＊1「住宅の平均購入価格はいくらくらい？」（生命保険文化センター）、＊2「対決！持ち家vs賃貸どっちがお得？生涯コストで徹底比較」（MUFG）、＊3 AllAbout「車にかかる費用は生涯で約4000万円！」、＊4「平成30年度生命保険に関する全国実態調査」（生命保険文化センター）

生涯の手取り額の出典：「ユースフル労働統計2019－労働統計加工指標集－」（労働政策研究・研修機構）

3大支出を抑えよう

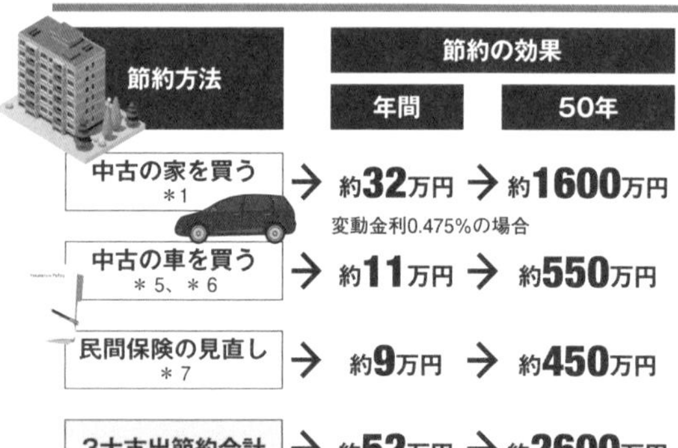

節約方法	節約の効果 年間	節約の効果 50年
中古の家を買う ＊1	約32万円	約1600万円（変動金利0.475％の場合）
中古の車を買う ＊5、＊6	約11万円	約550万円
民間保険の見直し ＊7	約9万円	約450万円
3大支出節約合計	約52万円	約2600万円

家・車・保険の3大支出は、金額が大きい分、節約効果が最も大きい支出です。

小さな支出をどんなに頑張っても効果は小さいので、小さな節約をコツコツやるより大きな支出を1、2割だけ減らす努力をしてみる。これだけでも効果は絶大です！

出典：＊5「次のクルマの購入予算は平均228万円！コロナ禍でカーライフ半数以上が変化あり」くるまのニュース（2021.3.9）　＊6「中古車購入実態調査2022」リクルート調べ　＊7 ライフネット生命 2021年申込時アンケート結果

【車】車1台でこんなにお金がかかる

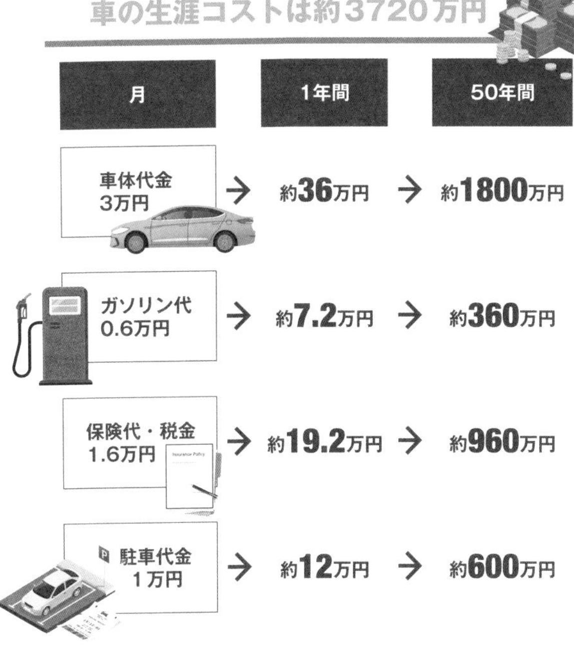

車の生涯コストは約3720万円

	月	1年間	50年間
車体代金	3万円	約36万円	約1800万円
ガソリン代	0.6万円	約7.2万円	約360万円
保険代・税金	1.6万円	約19.2万円	約960万円
駐車代金	1万円	約12万円	約600万円
	約6.2万円	約74.4万円	約3720万円

〈車にかかるお金〉

- 車体料金
  軽自動車（新車）でも150～200万円
- ガソリン
  現在、1リットル160円前後の高止まり状態
- 自動車保険
  「対人・対物賠償保険」保険は必須（車両保険は不要）
- 税金
  自動車税と自動車重量税、ガソリン税を、車を持ち続ける限り払う

他に車検・点検費用、修繕費、カー用品代なども……

出典：「クルマ選びとクルマの利用に関する調査2021」（ホンダアクセス調べ）、日本自動車工会、「家計調査 家計収支編 詳細結果表」（総務省）、「保険の窓口インズウェブ」（SBIホールディングス）、池田泉州銀行のサイト（2022.9.29）、「イエテク」サイト（2022.4.6）などをもとに計算

まとめ　ねこみち

車を買う時って、車の値段しか気にしない人が多いのですが、ガソリン代やら駐車場代やら入れたら、一生で4000万円もかけることになるんです。見直さない手はありません

投稿：ねこふんじゃったさん

維持費をかけないために、コンパクトカーを選びました。保険も最小限最安値に。よほどのことがない限り、この車に一生乗るつもりです

投稿：黒ネコのタンゴさん

今はカーシェアという手もありますよ(^o^)。基本料金は月額1000円程度、15分220円です。近くのコンビニの駐車場に何台かあるので、ちょいちょい利用♪

返信：ねこみち

モノを「買う」だけではなく、「借りる」選択肢を持つことはこれからの時代は大事ですよね

【家】ローン「借りられる」「返せる」は違う

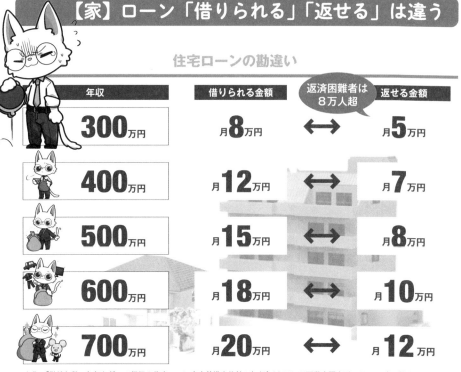

住宅ローンの勘違い

年収	借りられる金額		返せる金額
300万円	月8万円	⟷	月5万円
400万円	月12万円	⟷	月7万円
500万円	月15万円	⟷	月8万円
600万円	月18万円	⟷	月10万円
700万円	月20万円	⟷	月12万円

返済困難者は8万人超

出典：「勤続年数、年収など、17銀行の住宅ローン審査基準を比較！」（ダイヤモンド不動産研究所　2023.6.1）、税金・社会保障教育のサイト（2023.6.5）

まとめ　ねこみち

銀行はお金を貸すのが商売なので、多くのお金を、なるべく長く貸したいと思っています！　銀行から「借りられる金額」を借りてしまう人がいますが、「借りられる金額」と「ムリなく返せる金額」は全く別物です。これを勘違いすると後悔します！

投稿：ねこじゃらし

「借りられる額」と「返せる額」の差がすごい。物件を探していると、だんだんお金の感覚がマヒしてしまうので、注意が必要

返信：ねこみち

幸せになるためにせっかく新しい家を買っても、無理なローンを組むと心に余裕のない生活になって、逆に幸せから遠ざかっちゃいますよね

投稿：海猫さん

今、住宅ローンを月12万円払っているけど、毎月カツカツで、どこにも遊びにいけないよぉ（涙）。わが家の返せる額は月7万円だったんだ……（汗）。今なら実感としてこの図解の意味がわかる

“年収”ではなく“手取り”で考えて

住宅ローンは“手取り”の25%以内に!?

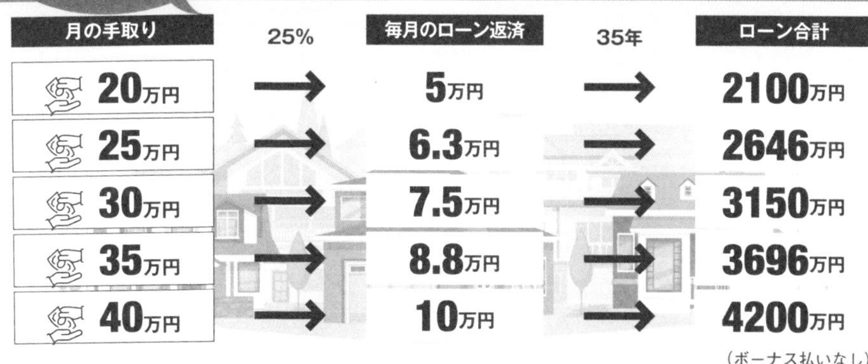

月の手取り	25%	毎月のローン返済	35年	ローン合計
20万円	→	5万円	→	2100万円
25万円	→	6.3万円	→	2646万円
30万円	→	7.5万円	→	3150万円
35万円	→	8.8万円	→	3696万円
40万円	→	10万円	→	4200万円

（ボーナス払いなし）

買う前に必ず確認しよう

マンションは買った後、意外にお金がかかる

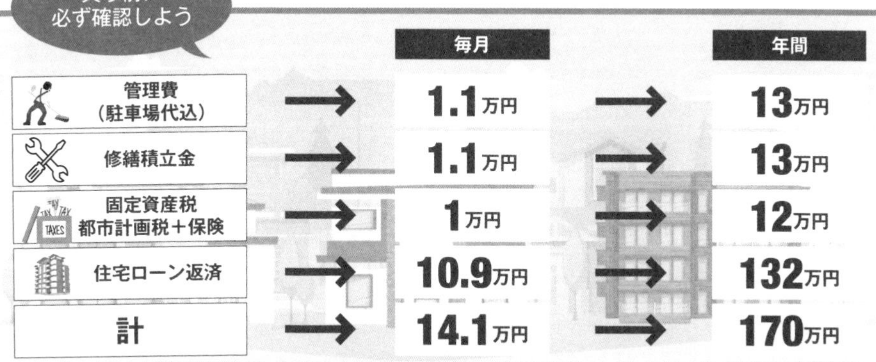

		毎月		年間
管理費（駐車場代込）	→	1.1万円	→	13万円
修繕積立金	→	1.1万円	→	13万円
固定資産税 都市計画税＋保険	→	1万円	→	12万円
住宅ローン返済	→	10.9万円	→	132万円
計	→	14.1万円	→	170万円

出典：「マンションの維持費は毎月どれくらいかかる？平均や築年数での違いを解説」スーモ（2022.9.9）、「住宅ローン返済額の平均や住宅の平均購入額はいくら？」イエウール（2023.4.6）

中古住宅で人生を軽やかに

新築にこだわらず“中古”にしよう

種類		借入額平均		金利込み
注文住宅	→	3361万円	→	3649万円
新築戸建住宅	→	2830万円	→	3072万円
新築マンション	→	2702万円	→	2933万円
中古戸建住宅	→	1575万円	→	1710万円
中古マンション	→	1551万円	→	1684万円

（ボーナス払いなし、変動金利：年0.475%、35年ローン）
出典：「令和元年度住宅市場動向調査報告書」国土交通省

「返せる額」以上の家を買ってはいけない

物件探しの第一優先順位は「返せる額」。そのためには、新築や人気の街、駅からの距離、マンションの階数などのこだわりを一つひとつ捨てていきましょう。住宅ローンとは長ーいつき合いになります。家計を圧迫しないことこそが、最高にハッピーな家にするコツですよ！

税金だって節約できる！基本を知って「節税」を！

基本のキ。「所得税」と「住民税」を知ろう

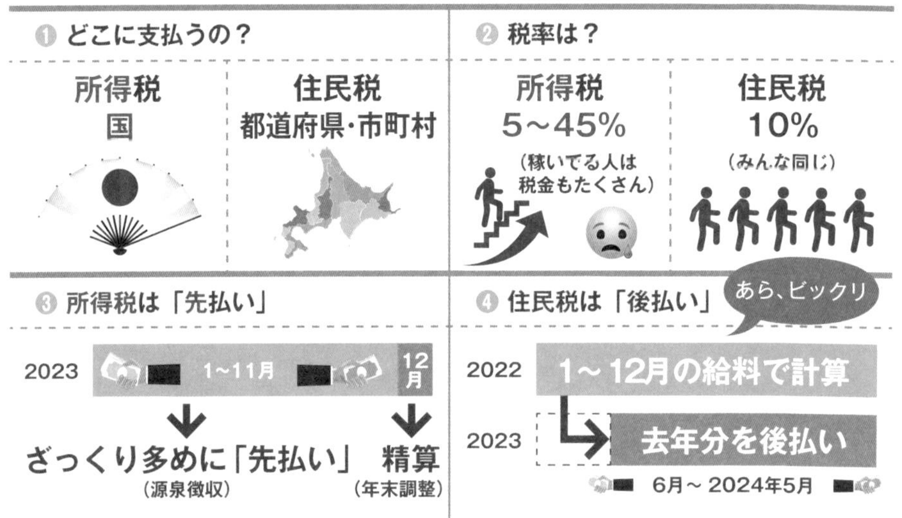

所得税は国へ、住民税は住まいのある自治体へ

所得税と住民税は、**働く人の1年間の所得に対してかけられる税金**です。会社員は給料から天引きなので「よくわからない……」という声が聞こえてきそうですが、会社を通して、**所得税は国へ、住民税は住まいのある自治体へ**納められます。納める先が違うので別々に計算され、別々に徴収されています。

所得税はその年の1～12月の所得に対して計算されます（税率は5～45%）。会社は「この人の今年の所得税はこれくらいかな？」と少し多めに毎月の給料から天引きし、12月の年末調整でキッチリ精算。多ければ還付されるので、年末にお金が戻ってきて嬉しい思いをした人も多いのではないでしょうか。

一方、住民税は確定した前年の所得が各自治体に回り、6月ごろに税額が決定。その金額を12で割って給料から天引きされます。税率は全員同じ、所得に対して10%です。

けっして安くはない所得税と住民税。税を知ると給料明細の見方も変わってきますね。

“控除”って何？

❶ “所得が多い”と“税金も多い”

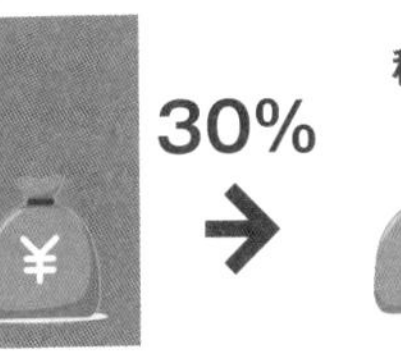

❷ だから所得を減らそう！

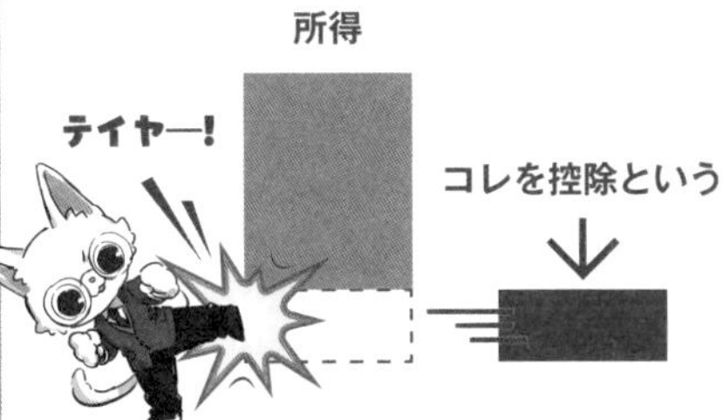

❸ 所得の控除は15種類もある

❹ 使える控除は使おう

・医療費控除
・社会保険料控除
・生命保険料控除
・寄附金控除
・地震保険料控除
など

よく耳にする控除とは「差し引くもの」

「所得」とは「収入から経費を引いた金額」のこと。その「所得」を少なくできるのが「控除」です。税金は「収入」ではなく「所得」にかかるので、「所得」が多ければ税金も多くなり、「所得」が少なければ税金も安くなります。

控除は「医療費控除」（1年間の医療費で10万円を超えた分を引ける。ただし認められるには要件も）など15種類。使える控除は積極的に使って税金を安くしちゃいましょう！

ひとり親控除

知って
いますか？

2020年に始まった新しい所得控除

年収	所得税	住民税	
250万～400万円	－ 1.75万円	＋ 3万円	＝ 4.75万円、税金が安くなる
500万～600万円	－ 3.5万円	＋ 3万円	＝ 6.5万円、税金が安くなる
670万円	－ 5.3万円	＋ 3万円	＝ 8.3万円、税金が安くなる

＊40歳以下主婦・社会保険加入・子ども1人の場合
出典：税金・社会保障教育のサイト（2023.5.18）
https://www.mmea.biz/19181/

扶養される配偶者に立ちはだかる「壁」とは

❶ 年収が100万円超えたら

❷ 年収が103万円超えたら

パートタイマーに次々にのしかかる負担＝「扶養の壁」

会社員などに扶養された人がパートタイムで働いていると、「壁」と呼ばれるいくつかの節目に遭遇します。それを乗り越えるか乗り越えないか、悩んでいる人は多いのです。

パートタイマーの年収が100万円を超えると、住民税を払う必要が生じます。103万円を超えると、住民税に加えて所得税も払うことになります。ただし、この２つの税金は数千円程度なので、かわいいもの。のしかかってきても負担というほどには感じず、いわゆる「100万円の壁」「103万円の壁」を越えて働いている人が多いかもしれません。

問題は「106万円の壁」と「130万円の壁」。なぜなら扶養から外れ、パートで働く勤務

先の社会保険（厚生年金保険・健康保険）に入らなければならないからです。社会保険料を支払うことになるわけで、その分は年収が減ることになります。重い負担がどんっとのしかかってくると感じる人が多いでしょう。

年収が106万円を定期的に超える働き方をすると、従業員（パートを含む）が101人以上の会社であれば、そこの社会保険に入ることになります。年収130万円以上働くようになると、従業員の人数に関わらず、社会保険に入らなければいけません。

自分で社会保険に入るとなると、せっかく多く働いたのに手取りが減っちゃう……。雇い主も、働く人も、「もっと働く」ことを望んでいるのに、本当に複雑でヘンな制度です。

❸ 年収が106万円超えたら

❹ 年収が130万円超えたら

壁に阻まれないための対策は２つ

幾つもある「扶養の壁」のなかでも、大事なのは「社会保険料」。つまり106万円（条件次第で加入）と130万円（絶対加入）の壁です。なぜなら、社会保険料は月額が高く、手取りがガッツリ減るからです。だから**“あまり働きたくない人”は、社会保険料を払わずに済む106万円未満、もしくは130万円未満にする**のが1つの方法です。

一方、世帯全体で余裕を持ちたければ、壁なんて気にせずしっかり働くほうがオススメ。社会保険料を払っても、それによって厚生年金（障害厚生年金も）がもらえ、いろいろな手当(傷病手当金、出産手当金)が手厚くなるなどのメリットを享受できます。**年収が200万円、250万円と上がっていけば、社会保険料を払っても世帯年収は大きく増える**ことに。

つまり、中途半端なところで稼ぐのではなく、**「しっかり抑えるか」「がっつり稼ぐか」のどちらか**に決めることがとっても大切になります。

年収の壁 “働き損” 24万円を取り戻すには？

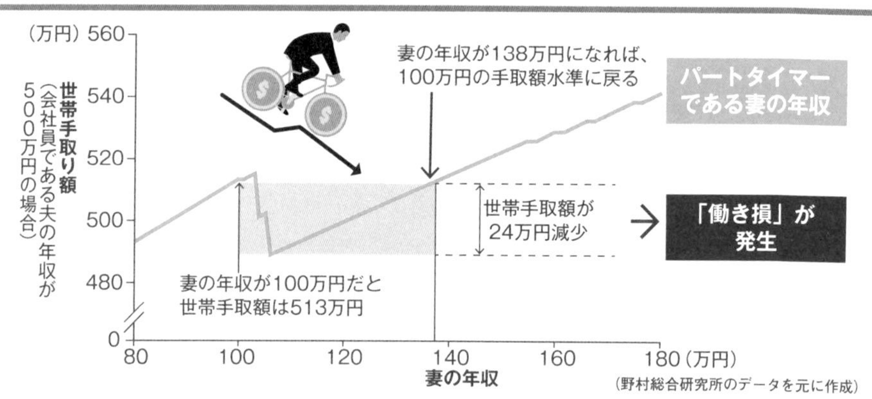

(野村総合研究所のデータを元に作成)

まとめ　ねこみち

抑えるなら106万円以下を死守、稼ぐなら170万円以上目指すのが、壁を上手に乗り越えるコツです。壁を気にして無理に年収を抑えるより、ガッツリ働いて年収を増やす方が、スキルアップの面でもメリットが多いかも

投稿：ネコヤナギさん

スーパーで働いているのですが、年末になると、仲間が働く時間の調整をし出すんです。一年で一番忙しい時期なのに、店長に申し訳なくて

返信：ねこみち

今、それが社会的な問題になっていて、政府で対応を検討中なので早く是正してほしいところですね

知ってトクする薬の買い方

薬を買って税金が安くなる「セルフメディケーション税制」

❶ どんな制度？

医薬品を年間で
1万2000円以上買うと
超えた額から
税金が戻ってくる制度

❷ 税金はどれぐらい安くなるの？

5万円の医薬品を買った場合

3.8万円
（ココが削減対象）
1.2万円

→ **1万1400円**
税金が安くなる

（所得税率20%、
住民税10%の場合）

❸ 全ての医薬品が対象？

下記のマークが付いている
医薬品が対象

セルフメディケーション
税 控除対象

❹ 注意点は？

- **医療費控除との併用**は**できない**
- 控除の上限は**8万8000円**
- **確定申告**で申請（年末調整は**NG**）

医療費控除は医療費が年間10万円を超えた分が控除となりますが、10万円のハードルは高いですよね。セルフメディケーション税制はドラッグストアで識別マークのついた薬を1.2万円以上買うと税金が安くなる制度です。

処方薬を買う前に

病院で処方箋をもらったら、院内の薬局で薬を買うのが一番安いのです。そして院外の薬局は、場所によって手数料が違います。院内に薬局がなければ、病院の前にある大手薬局を利用しましょう。毎回のことだから、少額の差でも大きくなりますよ。

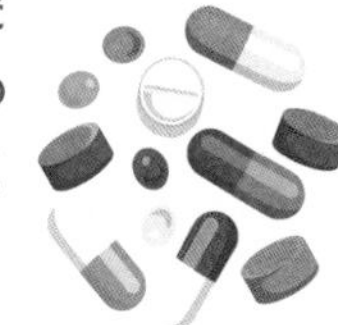

薬局によって薬の値段は違う

処方箋を
もらったら、
いちばん近い
薬局へ

薬局の種類	処方箋一枚　調剤基本料（薬の代金に追加）
「病院の中」の薬局	21円
処方箋を扱う“大手”ドラッグストア 	48～96円（処方箋受付回数などで異なる）
「病院の前」の薬局 	78円
「街」の薬局	126円

出典：「医療費、「かかりつけ」で節約　薬局でも負担に違い」日本経済新聞オンライン（2023.2.5）

大きな出費を見直したあと、小さな節約が効果を発揮

小さな出費に無頓着だとお金が貯まらない体質に

「なんとなく買い」の習慣をやめよう

毎日		1年間		30年間
コンビニ 500円	→	18万円	→	540万円
カフェ 500円	→	18万円	→	540万円
ペットボトル 300円	→	11万円	→	330万円
たばこ 500円	→	18万円	→	540万円
お菓子 300円	→	11万円	→	330万円
合計	→	76万円	→	2280万円

帰り道、コンビニやドラッグストアへ立ち寄り、“毎日”ご褒美としてスイーツやスナック、ドリンクなどを買っている人は危険信号。“お金が貯まらない体質”になっています。実は小さな中毒性のある消費は、「ものすごく大きな出費」です。お金を貯めたいなら、こういう出費をいかに小さくできるかを考えることが、大きな節約につながります。

ちょっとの工夫で「水道光熱費」をカット

❶ 電気毛布を使う

10時間つけても電気代は約15円
(Panasonic製品の一例)

メーカーを選べば、コスパ最高！3000~1万円で買える

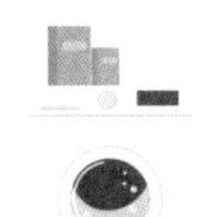
洗濯機で洗えて清潔&子どもにも安心

電気毛布は意外にも安価。3000～1万円で買えます。しかも10時間使っても、電気代は約15円。昼間のエアコンやガスヒーターを止め、電気毛布をひざ掛けとして使うと、体全体がポカポカに。

❷ 電灯をLEDに変更する

蛍光灯からLEDに変えると電気代71%削減
(大塚商会発表)

LEDは寿命が長い(白熱電球の40倍、蛍光灯の3~6倍)
(DNライティング社発表)

電球交換の手間・コストの節約に(約10年間使える)

蛍光灯や古い電球は、LEDに取り替えたほうがオトク。LED電球は安いと300円、シーリングライトは3000円前後で買えます。LEDは旧来品より電気代が約70%削減できるので、2、3年でモトがとれますよ。

❸ 節水タイプのシャワーヘッドにする

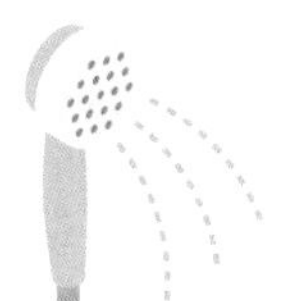
約30~50%の節水効果
(メーカーによって異なる)

止水ボタン付きがオススメ

節水によりガス代や電気代の節約にもなる

節水シャワーは散水板（お湯が出る面）の穴を小さくして水量を少なくする仕組み。水道代やガス代が高いと感じている人は、ぜひ取り替えの検討を。水量調整&止水ボタン付きがオススメです。

❹ 古い家電を買い替える

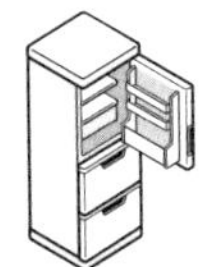
最新の冷蔵庫は10年前の物に比べ年間4740~6090円電気代が安くなる

最新の洗濯機は10年前の物に比べ年間約9000円電気代が安くなる
(Panasonic調べ)

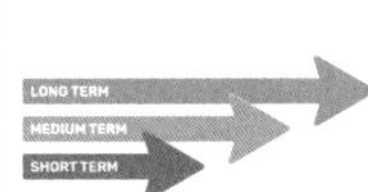

初期費用はかかるけど長期的にはお得

省エネ家電の進化が止まりません！ 冷蔵庫も10年で電気代がこれだけ違ってきたのです（環境省調べ）。初期費用はかかるけど、長い目で見て、モトがとれた後はずっとオトクに。壊れてから慌てて買うと、セール品が買えないかも。

COLUMN

「1000万円以上貯金した」経理社員の特徴

①

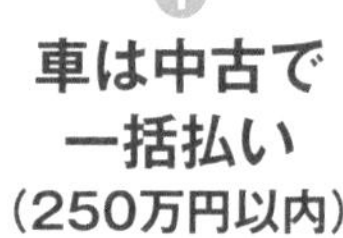

車は中古で一括払い
（250万円以内）

②

民間保険は月5000円以内

③

自己投資は収入の10%

④

料理上手
（弁当持参率5割超）

⑤

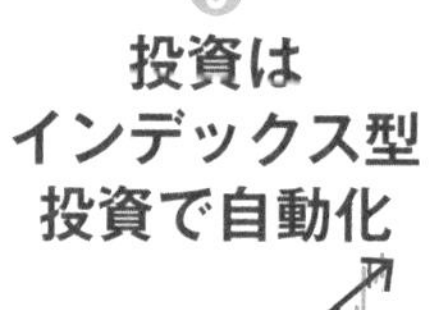

投資はインデックス型投資で自動化

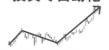

⑥

読書家
（平均月3冊）

⑦

ストレス少なめ
（残業月20時間以内）

⑧

お金のかからない趣味がある
（月5000円以内）

⑨

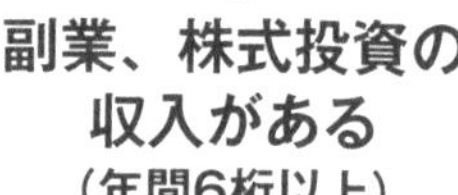

副業、株式投資の収入がある
（年間6桁以上）

⑩

ユニクロ、GU愛好家（7割超）

節約は、まず大きな支出（車、保険、住宅費）をどう抑えるかがコツ。そして、支出の敵となる「ストレス」をためないこと。どうやったら支出が抑えられるかを楽しみながら考えて無理なく続けられる方法を見つけてみてください

知っておきたい「社会保険」

「公的保険」と
「民間保険」を
知れば無駄がない

私たちはすでに多くの保険に加入中！

人生ほとんどのリスクをカバーする「公的保険」

イザ！という時の強い味方が、さまざまな「保険」。特に日本は「公的保険」が充実しています。ただし、同じ公的保険でも“会社員”と“自営業”で違いがあります。後悔しないために、公的保険の知識は必須です。

❶ 公的医療保険

会社員
健康保険

自営/フリーランス
国民健康保険

大企業なら「健康保険組合」、会社に健保組合がなければ「協会けんぽ」、公務員は「共済組合」、自営業は「国民健康保険」に入り、保険料を納める。自己負担は3割。7割は健康保険が負担してくれる。健保は年1回の健康診断までやってくれる。

❷ 公的年金

会社員
年金は2階建

月14.6万円（平均）
国民年金
厚生年金

自営/フリーランス
年金は1階建

月5.6万円（平均）
国民年金

会社員は「厚生年金」、20歳以上の自営業者と学生、会社員の被扶養者は「国民年金」に入る。現役時に保険料を納めるから、老後に年金がもらえる。もし障害者になれば「障害年金」が、家族の大黒柱が亡くなれば伴侶は「遺族年金」がもらえる。

❸ 雇用保険／労災保険

会社員
あり

自営/フリーランス
なし

リストラや会社の倒産、転職で収入が一時途切れても、生活費として給付金がもらえる「雇用保険（通称：失業保険）」。仕事中のケガなどに給料の一部を補償してくれるのが「労災保険」で保険料は雇い主が払ってくれる。

❹ 介護保険

会社員
あり

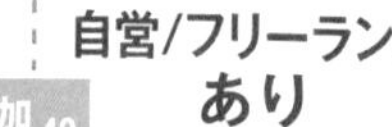

40歳から加入が義務

自営/フリーランス
あり

誰でも40歳になると自動的に「介護保険」に加入（保険料は健康保険に上乗せして払う）。将来「介護が必要」と認定されれば、認められた範囲で、自己負担1～3割で介護サービスを利用できる。若年性認知症で介護状態になっても保険が出る。

社会保険は高いけれどメリットも大きい

会社員が社会保険に加入するメリットは？

❶「年金」が増える

国民年金に厚生年金が上乗せとなり
将来受け取れる年金が増える

年金はどのくらいもらえるの？
平均年収400万円の人の年間の金額

勤続年数	国民年金	厚生年金
 10年	 年 19.5万円 月1.6万円	 年 21.9万円 月1.8万円
 20年	 年 39万円 月3.3万円	年 43.8万円 月3.7万円
 30年	 年 58.5万円 月4.9万円	年 65.8万円 月5.5万円
 40年	 年 78万円 月6.5万円	年 87.7万円 月7.3万円

❷「障害年金」が手厚くなる

ケガや病気で障害状態になった場合
障害厚生年金を受給できる
「障害基礎年金」＋「障害厚生年金」

❸「遺族年金」が手厚くなる

亡くなった場合、遺族が
遺族厚生年金を受給できる
「遺族基礎年金」＋「遺族厚生年金」

❹「健康保険」が手厚くなる

・傷病手当金を受け取れる
（療養中に給与の約2/3）
・出産手当金を受け取れる
（産前産後休業中に給与の約2/3）

まとめ　ねこみち

「公的保険で十分に守られている」ことを知る。これが余計な民間保険料を払わずに済む「一番の近道」です

投稿：黒ネコのタンゴさん

でも、ホントに私たちが年をとった時、年金をもらえるのかしら？

返信：ねこみち

年金額が減ったり、もらえる時期が遅くなる可能性はありますが、年金の仕組み上、破綻はないと見てよいでしょう

投稿：熊猫さん

母は遺族年金をもらいながら「これもお父さんのおかげ」と悠々自適に暮らしてます。会社員だった父さんは、現役時代に年金をいっぱい納めていたんだな～

民間保険にはムダが多い

民間の保険は最低限にしよう

公的保険を知っている人

公的保険を知らない人

なんじゃ、
あの意味のない
緑の壁は!!
民間保険
の壁
公的保険
の壁

取り越し苦労をする人ほど保険に加入している

民間保険は死亡のほか、病気、ケガ、事故、災害などの災難が起こると保険金がもらえる仕組みです。でも実のところ、その内容はほぼ公的保険（別名：世界一の保険）でカバーされています。心配しすぎてたくさん保険に入ると、保険料がどんどんかさむだけ。公的保険で足りない分だけ、民間保険で補うのがベスト。

なんと！ 30年間で保険料は1100万円！

一世帯が年間に払う保険料の平均は37.1万円だそう（生命保険文化センター「生命保険に関する全国実態調査」2021年）。これを30年間払い続けると、なんと1100万円に！　思考停止で余計な保険を払い続ければ、お金はなくなる一方です。

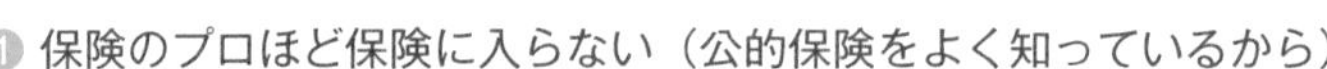

保険の恐ろしい真実10選

1. 保険のプロほど保険に入らない（公的保険をよく知っているから）
2. 1割以上の世帯が生命保険だけで年間60万円以上払っている
3. 保険を知らない人ほど保険に入る
4. 保険に払うお金の３～５割は保険会社の人件費や広告費になる可能性がある
5. 生命保険金の請求には時効がある（基本的に3年過ぎると保険金がもらえない）
6. 保険の販売員は保険の真実を教えてくれない
7. 保険は基本的に、加入者が損する仕組みになっている
8. 一世帯平均、30年で保険に1100万円以上払っている
9. 分割払いなので、保険に大金を払っていることに多くの人が気づいてない
10. 親族が請求しない限り、生命保険金は払われない（自動的には振り込まれない）

中身がダブる公的保険と民間保険

遺族年金と民間の生命保険は“保障”がダブっている

大黒柱だった会社員が亡くなると、残された家族が生活に困らないよう、厚生年金から「遺族年金」が出ます。もらえる金額は当人が働いていた年数や給与額、家族構成によって異なりますが、ザックリは右図のとおり。

公的保険だけでもこれだけの保障がついています。民間の生命保険は、これでは足りないところを補う分だけ入るのが、正解です。

公的年金には保険がついてます

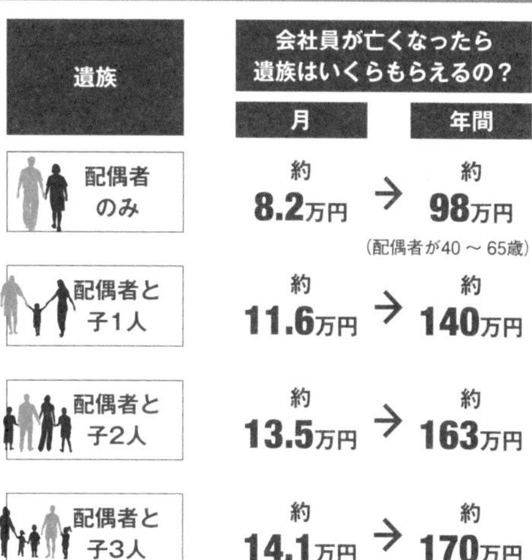

遺族	会社員が亡くなったら遺族はいくらもらえるの？ 月		年間
配偶者のみ	約 8.2万円	→	約 98万円（配偶者が40～65歳）
配偶者と子1人	約 11.6万円	→	約 140万円
配偶者と子2人	約 13.5万円	→	約 163万円
配偶者と子3人	約 14.1万円	→	約 170万円

（厚生年金の加入期間が25年、平均の給与が25万円の場合）
出典：オリックス生命保険（2022年度の金額）

ダブっている保険

	公的保険	民間保険
障害リスク	障害年金 労災保険	就業不能保険
死亡リスク	遺族年金	生命保険
病気リスク	健康保険	医療保険
介護リスク	介護保険	介護保険

ダブっている保険は解約か見直しを

病気やケガで仕事ができなくなったときに、給料の代わりとして出るのが民間保険の「就業不能保険」です。でも、これは公的保険の「障害年金」や「労災保険」でカバーできます。病気やケガで入院したときに出るのが民間保険の「医療保険」ですが、これも公的年金のうち「健康保険」の高額療養費制度でカバーできます。

公的保険でカバーされている民間保険は、解約をする、もしくは最低限にしましょう。

民間の医療保険はイラナイ！

"健康保険"の基本

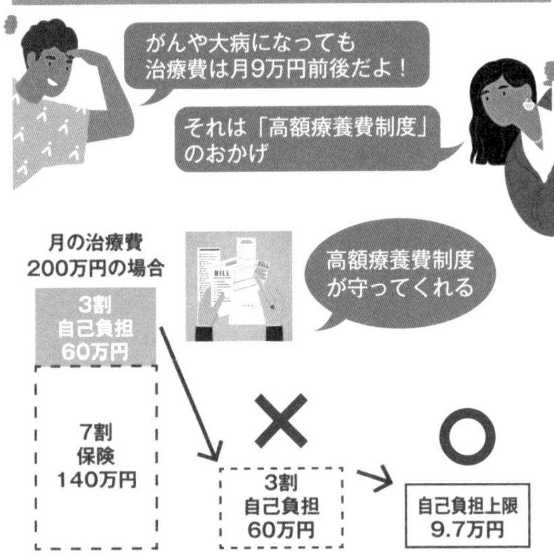

医療費の自己負担を抑える制度がある

原則として医療費は3割が自己負担です。でも、高額の場合には自己負担額に"上限"が設けられています。それが**「高額療養費制度」**。支払った医療費が一定額を超えた場合、超えた分を払い戻せます。

さらに健保組合によっては、高額療養費に上乗せして医療費を払い戻してくれる**「付加給付制度」**もあります。1カ月間に払った医療費が高額療養費の自己負担限度額を上回ったら、超えた分の医療費を払い戻してくれるのです。

投稿：ねこふんじゃったさん

がんになっても月9.7万円しか医療費がかからないのですか？

返信：ねこみち

自己負担の上限は年齢と収入によって決まってくるので一概にはいえませんが、がんになっても多くの方の場合、自己負担額は月9.7万円以下ですみます

投稿：黒ネコのタンゴさん

病気にならない人はいないから、医療保険はぜったいに必要だと信じていました。ホントにいらないの？

返信：ねこみち

公的保険で医療保険はカバーされています。民間保険に払う分のお金は貯蓄に回し、「貯金で備える」が正解！

投稿：ネコヤナギさん

父が3週間入院し、最終的に肺炎で亡くなったとき、医療費は3万円ぐらいでした。もっと高いかとハラハラしていたのに、拍子抜けしたのを覚えています

高額療養費の上限額は稼ぎによって変わる

高額療養費制度による「自己負担限度額の上限（毎月）」は、年収や年齢（70歳以上かどうか）で変わります。年収の高い人は負担額が高く、低い人は安くなります。年収370万～770万円の人が月200万円の治療をしたら、月の医療費の負担は9.7万円という計算。

もし高い医療費がかかったら、**加入している健保組合へ「高額療養費」の申請**を。なかには「支給対象となります」と連絡があったり、自動的に高額療養費を口座に振り込んでくれる至れり尽くせりの健保組合もありますよ。

医療費が高額でも自己負担はコレぐらい

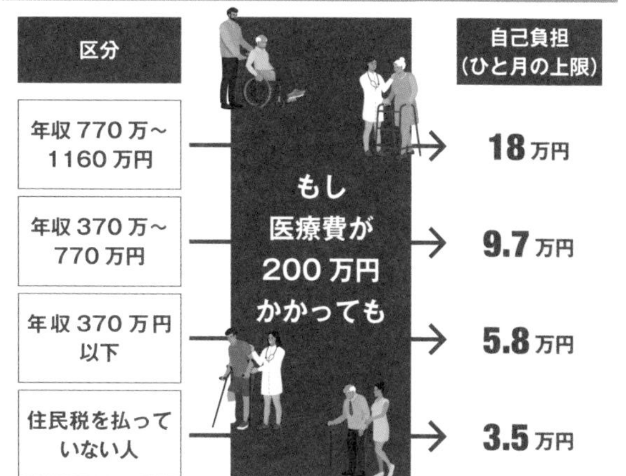

もし医療費が200万円かかっても

区分	自己負担（ひと月の上限）
年収770万～1160万円	18万円
年収370万～770万円	9.7万円
年収370万円以下	5.8万円
住民税を払っていない人	3.5万円

＊入院期間が月をまたぐと自己負担は増えます。

民間の介護保険もイラナイ！

40歳になると、誰もが健康保険に上乗せの形で介護保険に加入します。そこにプラスする民間の介護保険は、どちらかというと介護する人の経済的な負担をなくすイメージです。民間の介護保険は、保険金が出る条件がとても複雑で厳しいのです。複雑な保険に入るよりも、その分を貯蓄して、いざ介護状態になったら、国の介護保険をとことん利用しながら長生きしましょう。

❶「介護保険」って何？

「介護が必要になった人」を社会全体で支える公的保険

❷ どんな仕組みなの？

介護を受けたい人が1～3割の自己負担で介護が受けられる

40歳以上の人 → お金を集める → 市役所／介護業者 → そのお金で介護サービス → 介護を受けたい人

❸ 40歳から強制的に加入です

40歳　支払い開始

65歳　↑65歳（原則）からサービスが受けられる

えっ私？

また手取りがぁー

❹ 保険料はいくらなの？

（東京都渋谷区のケース）

所得300万円の場合	所得500万円の場合
約10万円（年間）	約14万円（年間）

まだまだある！ ムダな保険

地震には貯蓄で備えたほうが効率的

地震や噴火や津波によって、家が倒れたり、焼けたり、埋没・流失したりしたときに、保険金が出るのが「地震保険」。その保険料は、首都圏の木造家屋だと50年で約200万円かかります。

東日本大震災のデータでは、家が「一部損」の場合、地震保険から出たのは50万円。あれほどの震災なのに、約71％が「一部損」という認定でした。

つまり、地震保険は保険料が高いわりに、保険金が出にくいのです。地震保険に入るよりも、その分を貯めて地震に備えた方がいいかもしれませんね。

「地震保険」は高い！

車両保険が損なワケ

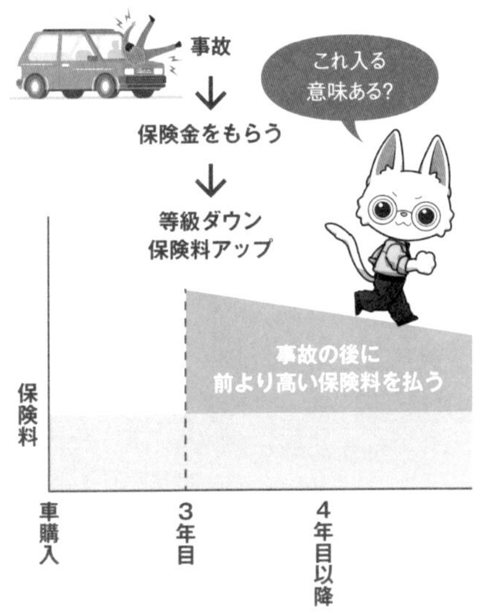

「車両保険」を使うと次年から保険料がアップ

「車両保険」は車が衝突や接触などによって損害を受けたときに、修理費を出してくれる特約。自動車保険に付けている人も多いでしょう。けれども、車を修理するために車両保険を使うと、次年度から保険の「等級」が下がり、保険料が上がります。つまり、修理代を保険金でもらってラッキーと思っても、実は、後で分割で払う仕組みなんです。

車両保険に入っていて助かった人もいると思いますが、自動車保険にはこのような側面があるので、保険料が見合っているかどうか考えてほしいところです。

入るならこの保険がイイ！

都道府県民共済ってどうなの？

❶ 特徴は？

非営利の組合（保険）

都道府県ごとに違う

加入件数2170万件

（2022年3月末時点）

シンプル、わかりやすい！しかも非営利の保険がある

「都道府県民共済（全国共済）」には「こども型」「熟年型」などのコースがあり、コース内では年齢や健康状態による保険料の差がありません。また、利益を求めないため、掛け金は割安です。決算してお金が余ったら「割戻金」という形で加入者に払い戻しをする、どこまでも律儀な保険なんです。

❷ 料金は？

月額
1000～5000円

とにかく安い
（年齢が上がっても金額はそのまま）

❸ 民間の保険との違いは？

・2、3割のお金が戻ってくるケースが多い
（都民共済割戻率33%・2021年）

・加入条件が緩やか

❹ 注意点は？

・保障期間は最長85歳まで
・死亡保障は民間保険より安い
・年齢とともに保障が手薄に

❶自転車でも高額賠償になる

実際の高額賠償例

時期	賠償額
2008年	9266万円
2013年	9521万円

（日本損害保険協会調べ）

❷どんな保険がある？

保険料 4290円／年（個人賠償責任1億円）	保険料 3000円／年（個人賠償責任1億円）
東京海上日動 eサイクル保険（B）	楽天損保 サイクルアシスト

自分が加害者に!? 自転車保険は必須保険

生活の交通手段として手軽に利用している自転車ですが、自転車事故による死亡や重症事故で、自分や家族が加害者になるケースがあります。「個人賠償責任保険」は、他人に損害を与えて賠償責任を負った場合に補償してくれる保険で、自転車事故もカバーしています。個人賠償責任保険は「自動車保険」や「火災保険」の特約にあるので付けましょう。補償額は、無制限、もしくは1億円で！

自動車保険や火災保険に入っていない人には、自転車保険単体の保険がネット保険や、コンビニ保険にもあります。

老後の資金が十分にないのはヤバイ

老後の収入の柱になる自分の「年金」を把握しよう

「国民年金」と「厚生年金」の違い

	国民年金	厚生年金
❶ 対象	20歳以上60歳未満の全国民	会社員・公務員
❷ 支払う金額	みんな同じ 月1.7万円	収入によって違う 月0.8万～6万円
❸ 負担者	全て自己負担	会社と半分ずつ
❹ 必要な加入年数	最低10年	最低1カ月 老齢基礎年金の受給要件を満たした上で

自営業の人やフリーランスの人が入れる国民年金の特権的存在の「付加年金」。国民年金に月400円上乗せして保険料を納めると、「200円×付加保険料を納めた月数」分、年金が増えるお宝制度です。

「国民年金基金」も同じような制度ですが、併用はできません。

2年で元が取れる別名「お宝年金」

年金が1階建てなら“付加年金”を始めよう

月400円を		亡くなるまで毎年の年金が増える 付加年金		国民年金
 5年払う	→	年1.2万円	＋	年78万円
		年金が毎年1.2万円増える		
 10年払う	→	年2.4万円	＋	年78万円
		年金が毎年2.4万円増える		
 20年払う	→	年4.8万円	＋	年78万円
		年金が毎年4.8万円増える		
 40年払う	→	年9.6万円	＋	年78万円
		年金が毎年9.6万円増える		

年金はいつから受け取る？

もらえる年金額を142％にする方法

年金がもらえる年齢は、今のところ全員65歳（将来はもっと先延ばしになるかも!?）。けれども、60～64歳にもらい始める**「繰上げ受給」**や、66～75歳に先延ばしする**「繰下げ受給」もできます。**

「繰下げ受給」は1カ月繰り下げるごとに年金額が0.7％増額されるので、1年繰り下げれば本来もらえる額より8.4％増、5年繰り下げると42％増です。これはどんな投資より安全でオトクかも！

❶もし、年金を5年早くもらうと

年金の月額が減る
（亡くなるまでずっと）

65歳にもらう		60歳にもらう
月10万円	→	月8万円

平均年収400万円（単身者）の例

❷ 年金が少なくて心配なら

こんな方法もある
3～5年働いて
年金をもらう時期を遅らせる「繰下げ受給」

❸ 3年遅らせると

月額が増える（亡くなるまでずっと）

65歳にもらう		68歳にもらう
月10万円	→	月12.5万円

❹ 5年遅らせると

月額が増える（亡くなるまでずっと）

65歳にもらう		70歳にもらう
月10万円	→	月14.2万円

簡単に自分の年金が知りたい人はコレ！

「公的年金シミュレーター」が超便利

❶「ねんきん定期便」を用意して定期便のコードをスマホで読み込む

「定期便」なくても情報を入力すればできるよ！

❷ 生年月日を入力する

「試算」ボタンポチっ

❸ 年金見込額が表示される

コレだけ30秒で完了！

厚労省「公的年金シミュレーター」は転職や結婚などで加入する年金制度が変わるのに応じて、将来、受け取る年金額が試算できる優れもの！　誕生日月に届いた「ねんきん定期便」を見ながらパッと試算してみよう。

民間保険は保険金をもらってナンボ！

「生命保険契約照会制度」で保険金をモレなく請求せよ

生命保険に入っている人が亡くなっても、保険金の受取人である家族が「故人が保険に入っている」ことを知らなければ、保険の存在自体を知らないまま、時効である3年を迎えてしまうことがあります。生命保険協会の「生命保険契約照会制度」を利用すれば、亡くなった人の保険契約のあるなしが約2週間でわかります。利用料の3000円は安いかも!?

生命保険契約照会制度

まとめ　ねこみち

甚大な被害で損失が巨額になってしまう火災や事故の保険を除けば、民間保険は最小限に絞り、浮いた分のお金を貯蓄に回して「貯蓄で備える」ことが、資産形成を成功させるためには大切です

投稿：海猫さん

「保険はお守りのようなものよ」と母は言っていました。保険は人生で3番目に高い買い物なのに、お守りにしてはゴージャスすぎますよね～（^-^;

投稿：ネコヤナギさん

公的保険は優秀だから民間保険はいらないに納得！　私は年金も健康保険も介護保険も、高い保険料を払っているもん

投稿：ねこじゃらしさん

「地震保険は必要なし」は目からウロコ～。地震は必ず来るからモトがとれると思っていた。やめよっかな～～。やめたとたん巨大地震が来たりして（汗）

投稿：黒ネコのタンゴさん

家電量販店の「延長保証」も保険の一種ですよね。ポイント還元10％を半分の5％にして「5年保証」にするとか……。あれもムダだと思うんだけども、どうかな

副業、勉強、
ふるさと納税など

会社員でも
他に稼ぐ
手立てがある

先行き不透明だから…副業のススメ

会社員でも外で稼ぐ手立てがある

ひと昔前なら、大企業に勤めていると「寄らば大樹の陰」と羨ましがられ、定年まで安定した会社員生活を送ることができました。しかし、もはや「大企業だから一生安泰」なんて時代ではないのです。

17年間で起きた某大企業の実話

福利厚生施設
10カ所→ゼロ
倒産危機3回
売上規模が
半分に減少
課長昇格の割合が
10人中4人から
10人中2人に
早期退職の募集
10回以上
2005年以降、
新入社員の5割が退職
マスコミからの
バッシング記事
500回以上
海外駐在員手当が
半額に
年金は確定拠出年金となり、
損失は自己責任に
半分の事業が
他社へ売却

例えば、みずほ銀行には「週休3・4日制度」があります。休みが多くていいな〜と思うことなかれ。給料は週休3日で8割、週休4日は6割に減り、減った分は副業してもいいよ、という感じです。

これからの時代、収入を増やすことを会社には期待できません。収入を増やしたいのなら、これからは「副業」です。副業で身につけた「個人で稼ぐ力」が一生の武器になります。

副業するなら「住民税」の申告が必要

始めるなら「開業届」を提出

❶「開業届」って何？

❷ 届け出って大変なの？

❸ 何のために出すの？

確定申告で
税金のメリットが多い
「青色申告」
が使えるから

「白色申告」なら
開業届はいらない

税務署に行かずにネット（e-TAX）でも開業届は出せる。
また、青色申告する人は「開業届」と一緒に「青色申告承認申請書」も提出を。

収入によって分かれる「確定申告」の要不要

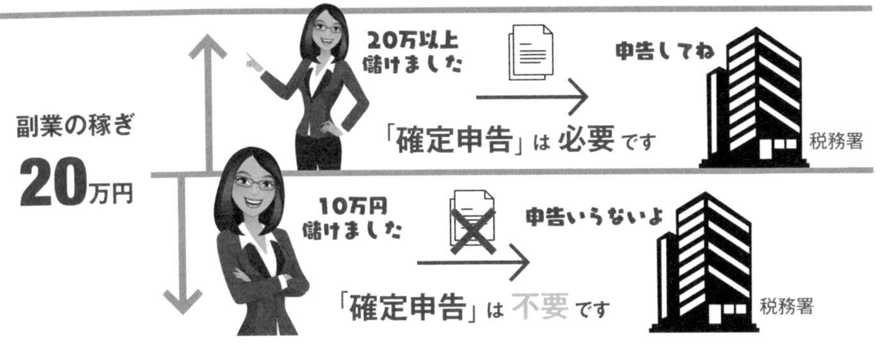

「住民税」の申告は必要

副業で年間20万円以上稼ぐと、「確定申告」が必要です。

20万円以下なら確定申告は必要ありませんが、「住民税の申告」は必要です。もし、住民税の申告をせずに、それがバレてしまったら、ペナルティとして、さらに多くの税金を払うことになります。

住民税の申告書類は、住んでいる自治体のウェブサイトからダウンロードしましょう。対象となるのは、前年の1月1日から12月31日の間の報酬額で、申告期限は確定申告と同じスケジュールです。

副業は「雑所得」ではなく「事業所得」を目指そう

「副業の収入が300万円以下の場合は『事業所得』ではなく『雑所得』となる」という国税庁の通知、いわゆる「副業300万円問題」がありました。ですが国民の強い反対があって、幸いにも実現しませんでした。それに代わって**「帳簿をつけて、しっかり保存すれば事業所得として認めます」と、大幅に「事業所得」の条件は緩和**されました。これは副業をする人には朗報です。

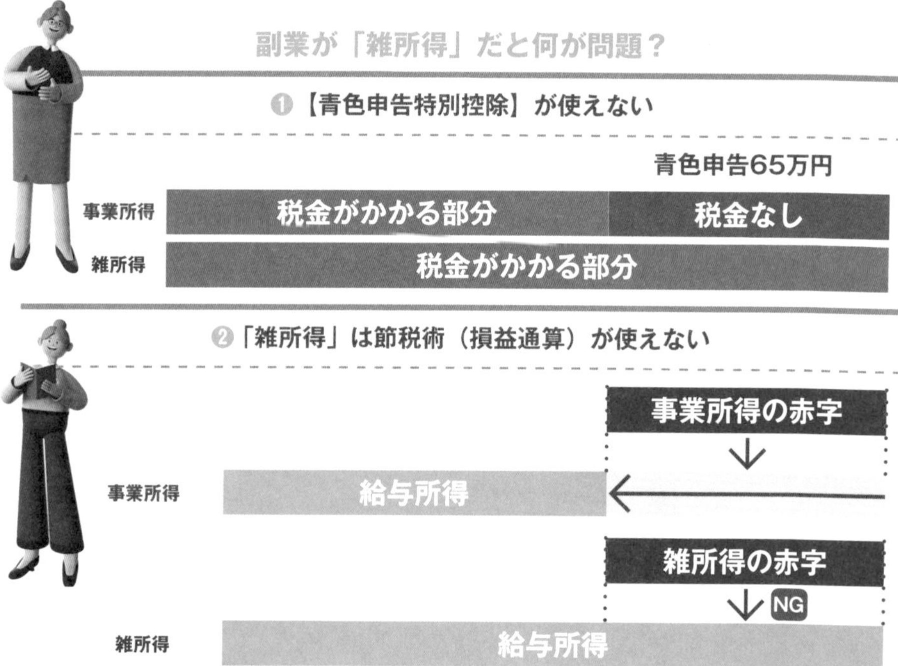

「損益通算」とは赤字と黒字を相殺すること。赤字が出ても、黒字と相殺して、税金を減らすことができます。

ただし、国税庁はもう一つの見解を出しています。「**『収入が少ない』または『営利性がない』場合は、事業所得を認めない**可能性がある」という見解です。

副業をするときに「雑所得」ではなく「事業所得」として認められるためには、

❶帳簿をつけて、しっかり保存する

❷副業の売上規模を上げる

の２つに気をつけること。せっかく副業をするのであれば、この２つに気をつけて、節税メリットの大きい「事業所得」を目指していきましょう！

ただし、「副業の所得が年間20万円以下の会社員」「もともと雑所得で申告していた会社員」「会社員ではない人」には影響ありません。

副業OKでも会社に知られたくない？

❶ 所得税の流れ

所得税 は
会社 を **経由しない**

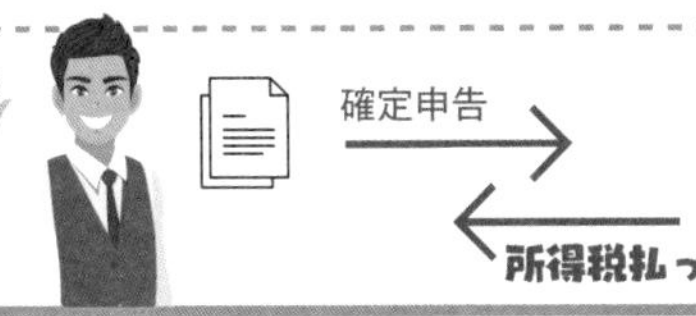

❷ 住民税の流れ

住民税 は
会社 を **経由する**

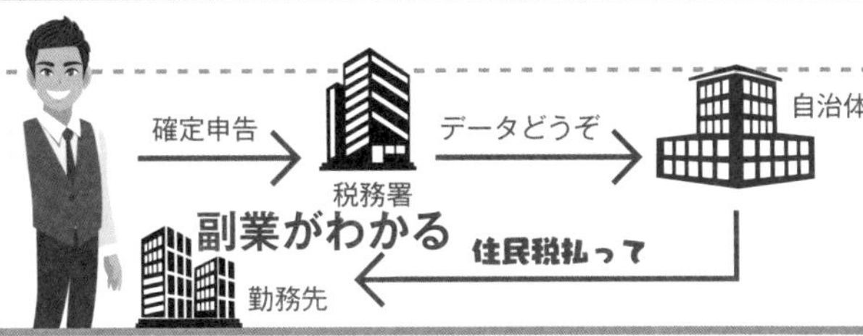

❸ 住民税の流れを変える方法

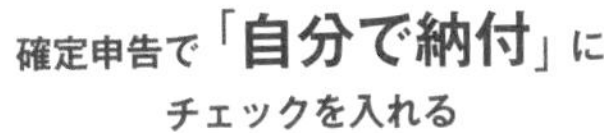

確定申告で「自分で納付」に
チェックを入れる

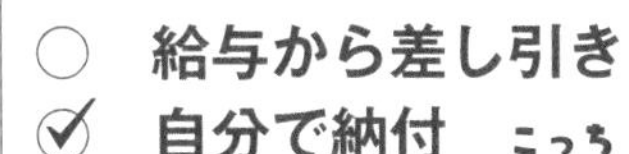

○ 給与から差し引き
✓ 自分で納付 こっち

これで **住民税** でも
会社 を **経由しない**

スキルなしでもできる実際にある副業７選

副業	お値段	難易度
グチを聞きます	10分1000円	聞き上手なら誰でもできる
あなたを褒めます	10分1400円	褒め上手なら誰でもできる
ジグソーパズルやります	1回1000円	パズル好きなら誰でもできる
オススメ本を探します	1回1000円	本好きなら誰でもできる
今週の献立考えます	1回 500円	料理好きなら誰でもできる
お出かけプランを考えます	1回1000円	外出好きなら誰でもできる
ペットの本音をお聞きします	1回2000円	動物好きでも難易度高すぎ

返礼品を受け取りながら納税できる嬉しいシステム

「ふるさと納税」で食費を浮かす

好きな自治体に税金を前払いする制度

	自己負担2000円で		つまり…
年収300万円	8400円分の返礼品がもらえる	→	6400円おトク
年収400万円	1万2600円分の返礼品がもらえる	→	1万600円おトク
年収500万円	1万8300円分の返礼品がもらえる	→	1万6300円おトク
年収600万円	2万3100円分の返礼品がもらえる	→	2万1100円おトク
年収900万円	4万5300円分の返礼品がもらえる	→	4万3300円おトク

（独身／共働きのケース）出典：「ふるさと納税ポータルサイト」総務省

ふるさと納税をざっくりいうと、払うべき**住民税の20％を、自分の故郷や好きな自治体に「寄附」として前払いし、残りの80％を住まいの自治体に納める**制度です。税金が安くなるわけではないのですが、寄附先の自治体から「お礼の品」が届く！　寄附された自治体も地域のためにお金が使えるのが嬉しいというわけです。

手数料は2000円かかりますが、2000円で美味しいお米やお肉など2000円以上の返礼品がもらえるのは嬉しい！　滅多にないオトクで楽しい制度なので、やらなきゃ損です。

「ワンストップ特例制度」を利用しよう

会社員なら「ワンストップ特例制度」を利用しましょう。ワンストップ特例制度とは、ふるさと納税の確定申告が不要になる便利な制度です。書類は、寄附をした自治体から届きます。

【ワンストップ特例の申請条件】

①寄付先が５自治体以内

②確定申告をしない

③年収2000万円以下の会社員

ふるさと納税のやり方

❶ 調べる 所要時間1分	❷ 返礼品を選ぶ（寄附） 所要時間5 ～ 15分	❸ 手続きする 所要時間10分
簡単シミュレーターで いくら寄附できるか調べる （「ふるさと納税 控除上限額 計算シミュレーション」 などで検索）	・ふるさと納税サイトに行く ・流れは「買い物」と同じ 【ふるさと納税サイト】 ・さとふる ・ふるさとチョイス ・楽天ふるさと納税、他	【ワンストップ特例の場合】 ・ワンストップ特例申請書に記入 ・必要書類を添付 ・2023年分は2024年1月10日までに返送する

＊確定申告の場合は 2024 年 3 月 15 日までに

税金は、いつ戻ってくるの？

❶ ふるさと納税で税金は安くならない

ふるさと納税＝「税金の前払い」 → 先に払った分が、翌年戻ってくる（手数料の2000円分を引いた分）

❷ 税金が戻ってくる時期 ／ ❸ どうやって確認するの？

確定申告をする人の場合、住民税と所得税の2つで税金が戻る（だから確認も2回必要）

❷ 税金が戻ってくる時期	❸ どうやって確認するの？
【所得税】 **確定申告の１～２カ月後に戻ってくる** （つまり2024年4 ～ 5月頃） 2024年　2 ～ 3月：確定申告　4 ～ 5月：戻ってくる	→ **【所得税】** 2024年4 ～ 5月に 指定の銀行口座に入金があります （その入金で金額を確認）
【住民税】 **2023年1 ～ 12月に払った分は2024年6月～ 2025年5月で12分割で減額される** 2023年　2023年1-12月（前払い） 2024年　2024年6月～（戻ってくる）	→ **【住民税】** 住民税決定通知書 （毎年5~6月に届く） ・ワンストップ特例の場合、これだけで確認完了 ・「税額控除」の欄で確認できます（市町村の控除と都道府県の控除の合計）

税額			
市町村	税額控除前所得割額④		
	税額控除額⑤		
	所得割額⑥		
	均等割額⑦		
道府県	税額控除前所得割額④		
	税額控除額⑤		
	所得割額⑥		
	均等割額⑦		
	特別徴収税額⑧		
	控除不足額⑨		
	既充当額⑩		
	既納付額⑪		
	差引納付額（⑧−⑪−⑨、⑩）		
	変更前税額⑫		
	増減額（⑧−⑫）		
	変更月		月

クレジットカードとデビットカードの違いがわかる

支払い方もいろいろ 自分に合ったカードは？

先払いか、後払いか　オススメは「そのとき払い」

お金の払い方が多種多様になりました。PayPayやSuicaなどはチャージしてから払う「前払い」。クレジットカードは締切日までの支払いをまとめて払う「後払い」。現金とデビットカードはお金と引き換える「そのとき払い」です。

	クレジットカード	デビットカード
❶ 支払い方法は？	一括／分割／リボ	一括
❷ 引き落としはいつ？	翌月以降	即時
❸ 口座の金額以上使える？	使える	使えない
❹ 銀行口座の管理は？	時間差があり難しい	即反映で楽
❺ 口座明細	合計だけが載る 合計 9700円	個別の金額が載る 1200円 3500円 5000円

お金がなくても買えてしまう「後払い」がどうも性に合わないという人もいますね。デビットカードなら即日、口座から料金が引き落とされます。口座の管理もタイムリーにできて最高！　デビットカードにしてから無駄遣いが確実に減りました。もちろん、ポイントも付きます。デビットカードをぜひお試しあれ！

クレジットカードで注意してほしいこと

分割払いの手数料

① 一括払い／2回払いは無料

一括払い
ボーナス一括払い
手数料無料

2回払い
手数料無料

② 分割払い／リボ払いは有料

3回以上の分割払い
手数料かかる

リボ払い
手数料かかる

③ 分割払いの手数料は高い

年率12〜15%も手数料が取られる

④ 25万円の支払いの場合

24回払い

手数料
3.4万〜4万円

カードローンや消費者金融には抵抗があるのに、クレジットカードを分割払いにする人が意外と多い。でも、手数料は高いので要注意。日本クレジット協会のサイトで計算できる。

カードの裏にはちゃんとサインを

① なんでサインが必要なの？

サインなしでの利用は会員規約の違反になるから

② 不正利用されてしまう

落としたり盗まれたりすると、第三者が署名して簡単に使ってしまうかも

後悔しないように、クレジットカードが届いたら、即サインをしましょう。

③ 補償してもらえない

盗難紛失の被害あっても補償してもらえない可能性が高い

なんで補償してくれないの？ →

補償は規約違反していないことが前提だから。違反している場合、不正利用されても補償が受けられず、自己負担の可能性が高い

多くの支援金は「申請した人」だけがもらえる

オトクな情報を集めよう、勉強しよう

有益な情報源

助成金の探し方

方法❶ J-Net21	方法❷ 自治体ウェブサイト	方法❸ 商工会議所・産業復興センター
中小企業基盤整備機構〈J-Net21〉のウェブサイトで検索する	**〈住んでいる自治体〉のウェブサイトで検索する** J-Net21に掲載されていない助成金もあります。	**〈商工会議所〉や〈産業振興センター〉へ問い合わせる** 電話での問い合わせも可能です。

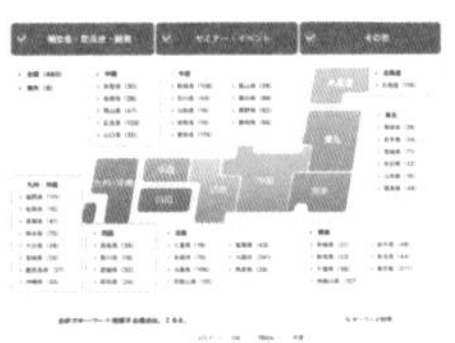

省庁発“資産形成に役立つ超有益サイト”4選

❶ 公的保険ポータル（金融庁）

【こんな人向け】
公的保険を調べたい・学びたい
【推しポイント】
民間保険の見直しに最適

❷ NISA特設ウェブサイト（金融庁）

【こんな人向け】
NISA・つみたてNISAを学びたい
【推しポイント】
動画とガイドブックがわかりやすい

❸ わたしとみんなの年金ポータル（厚生労働省）

【こんな人向け】
年金の知りたいことをすぐ調べたい
【推しポイント】
アニメが多用されて超本格的なサイト

❷ 投資の時間（日本証券業協会）

【こんな人向け】
投資をわかりやすく学びたい
【推しポイント】
内容の充実ぶりが凄い。有益すぎ。

お金に強くなる「資格」もある

資格	勉強期間	合格率
FP技能検定3級 フィナンシャルプランナー	2～3カ月	学科 85% 実技 88%
FP技能検定2級 フィナンシャルプランナー	3～5カ月	学科 56% 実技 60%
簿記3級	1～2カ月	41%
簿記2級	4～8カ月	37%
証券外務員2種	1～2カ月	70%
DCプランナー 2級	2～3カ月	36%
投資診断士	1～2カ月	80%

出典：日本FP協会、日本商工会議所、日本証券業協会、TAC、ユーキャン

まとめ ねこみち

何から勉強したらよいかわからなければ、お金の資格の勉強から始めてみてください。たった3カ月～半年、本気で勉強をするだけで人生が劇的に変わるキッカケになります。「簿記」の勉強が無料でできる「CPAラーニング」というWEB講義サービスは本当にオススメなので、ぜひ使ってみてください

投稿：熊猫さん

私は身近なお金の専門家であるファイナンシャル・プランナーに興味あり！ 勉強したい、したい～♪♪

返信：ねこみち

FPは身近なお金に強くなるには最適ですね。FP3級、簿記3級だけでも大切なお金の基本がたくさん学べるので、ぜひ挑戦してみてください

COLUMN

年末調整って何を「調整」している？

そもそも「年末調整」って何？

ざっくり多めに集めた税金を精算すること

ざっくり多め → 

→ 確定

会社は従業員の毎月の給料からざっくり多めの税金を預かっている

年末調整のメリット

多めに払ってるからお金が戻ってくる

戻ってくるのは、どんなとき？
- 扶養する家族が増えた場合
- 保険や iDeCo に入ってる場合
- 住宅ローンを組んでる場合

12 月の給料で戻ってくる場合が多い

自営業やフリーランサーへのおトク情報

書類の書き方がわからない人へ

必見！
意外にも面白い
国税庁の
動画チャンネル

そんな時はコレ↓
国税庁の YouTube
「国税庁動画チャンネル」
を見てみよう！

お堅いイメージの国税庁ですが、最近は YouTube の「国税庁動画チャンネル」でやわらかめの動画もアップ。年末調整についての動画はシンプルでわかりやすく、「なるほど！」という感じ。他にドラマ仕立ての動画もあり、意外にも面白い。

会社は毎月ざっくり集める

コレを「源泉徴収」という

税金集めます
給料

「源泉徴収」とは会社が従業員に代わって税金を納める仕組みのこと

年末に「精算」する

コレを「年末調整」という

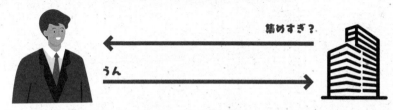

集めすぎ？
うん

「年末調整」とは会社が年末に税金を確定し、精算する手続きのこと

会社員なら全員、会社が年末調整をしてくれます。会社は従業員の毎月の給料から天引きして、ざっくり多めの税金を預かっています。税金は給料や所得控除によって一人ひとり違うので、会社は毎年12月に税金を確定し、その後、国に納めます。これなら従業員は手間いらずで納税ができ、国も税金の取りっぱぐれがありません。

年末調整が楽になる便利ツール

面倒くさそうでやりたくない

そんな人にオススメ超便利ツール

ググってね！

「生命保険料控除額計算サポートツール」

❶保険会社から届いた「生命保険料控除証明書」ハガキの金額を入力する

POST

❷「計算ボタン」をクリック

ポチっ

❸計算結果を書類に転記するだけ

これは必須アイテム

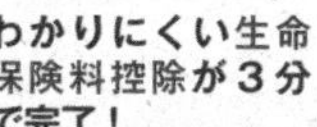

わかりにくい生命保険料控除が３分で完了！

生命保険控除は「旧制度」と「新制度」で控除額が違い、ちょっと複雑な計算が必要です。生命保険料控除証明書を手元に置いて、保険会社のサイトの「生命保険料控除額計算サポートツール」を使えば、パパッと控除額を計算できます。

「資産形成」

できるか否か！

ここがポイント

賢者の資産形成	愚者の資産形成
❶ 複利の力に頼る	❶ 会社の昇給に頼る
❷ 収入の1割を先取り貯金	❷ 収入の余りを貯金
❸ 貯金で備える	❸ 保険で備える
❹ 長期で資産をつくる	❹ 短期で資産をつくる
❺ 国の節税制度を学ぶ	❺ 国の節税制度を侮る
❻ 大きい出費を節約	❻ 小さい出費を節約
❼ 機会損失に気づく	❼ 老後になって損に気づく
❽ 先人の知恵を借りる	❽ 他人のお金を借りる
❾ 知って行動する	❾ 知って満足する
❿ 仕組みで貯金	❿ 努力で貯金

お金が貯まらない人には共通点があります。でも、大丈夫。
お金が貯まる人の習慣や考え方を一つずつ取り入れていけば、
誰でもお金を貯めることができます

貯金に成功する10ステップ

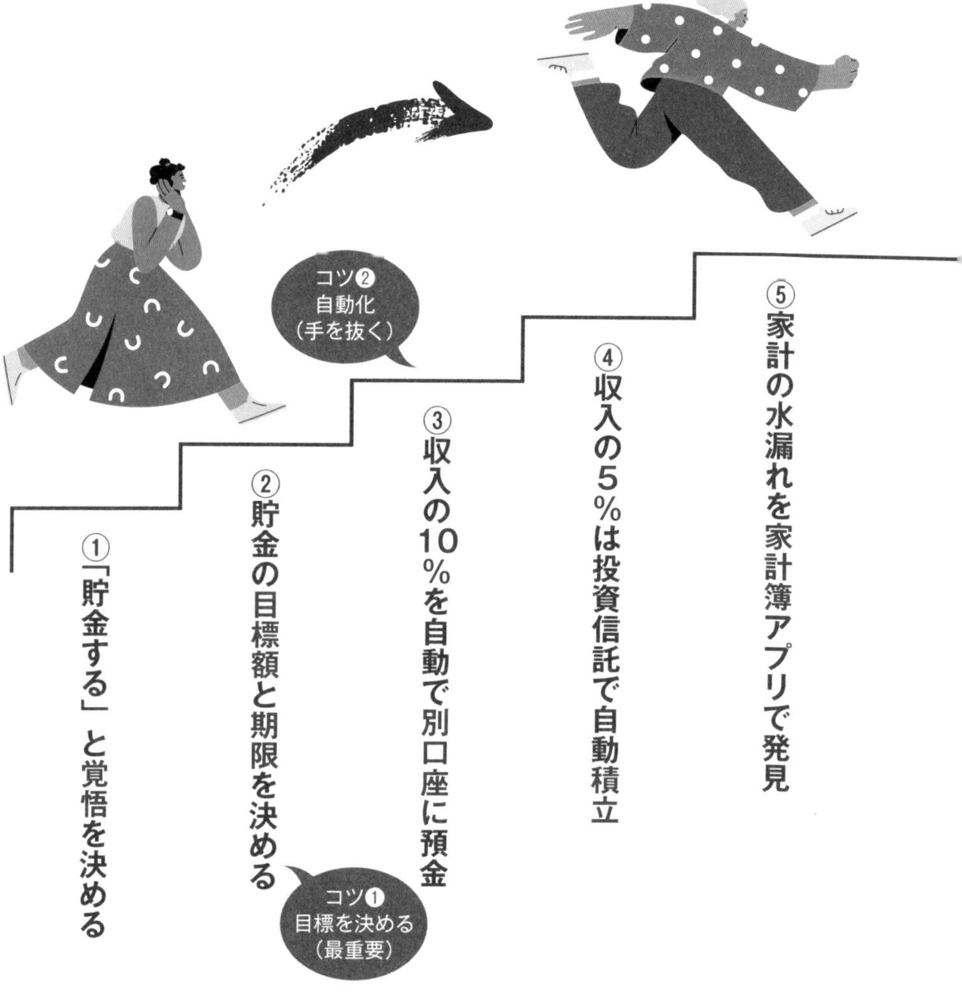

①「貯金する」と覚悟を決める

②貯金の目標額と期限を決める

③収入の10%を自動で別口座に預金

④収入の5%は投資信託で自動積立

⑤家計の水漏れを家計簿アプリで発見

コツ❶
目標を決める
(最重要)

コツ❷
自動化
(手を抜く)

お金はすぐには増えません。
だから資産形成を続けるための工夫が欠かせません。
ムリせず、楽しみながらお金を貯めることが、継続のコツです

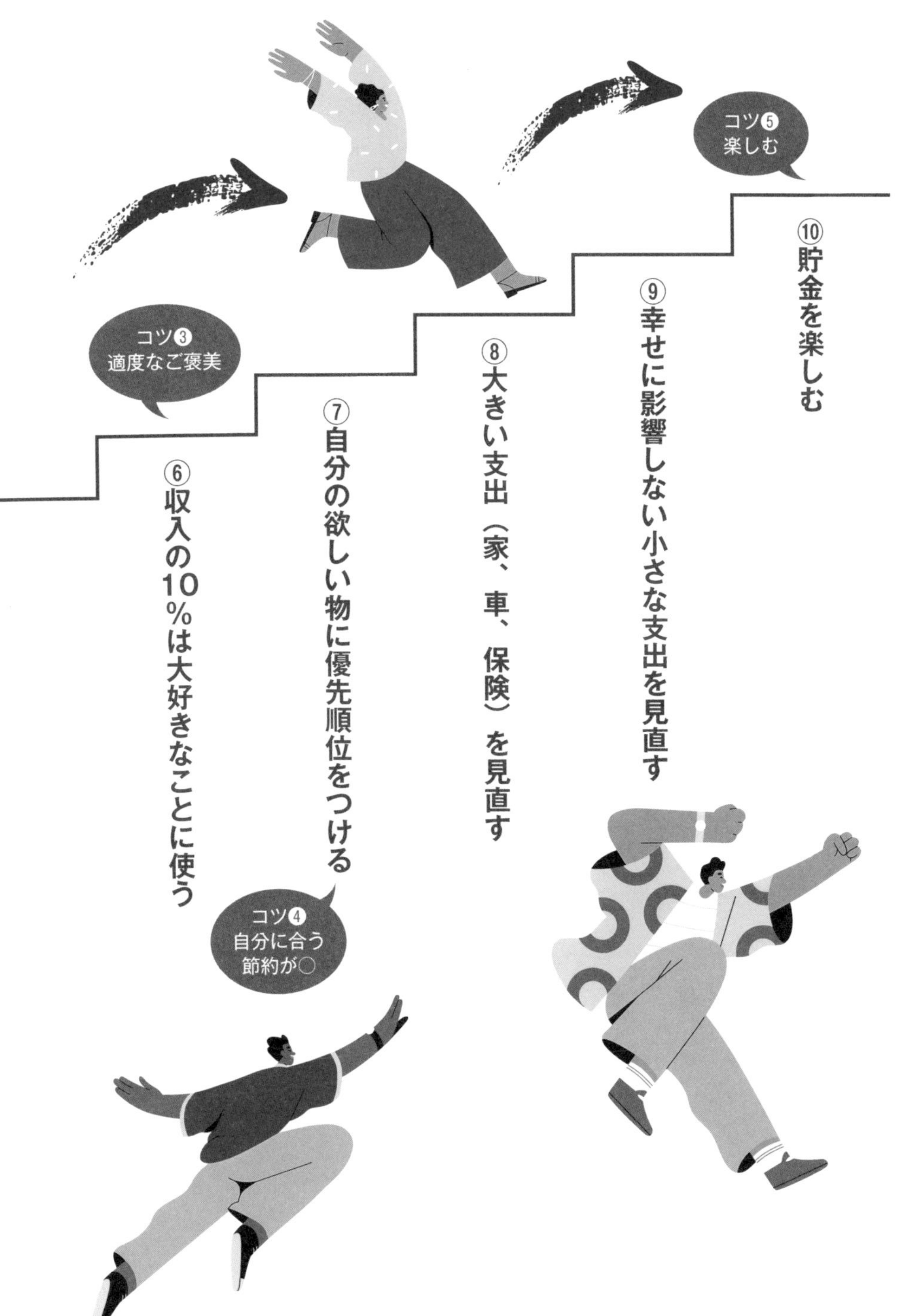
コツ❺
楽しむ
⑩貯金を楽しむ
⑨幸せに影響しない小さな支出を見直す
⑧大きい支出（家、車、保険）を見直す
コツ❸
適度なご褒美
⑦自分の欲しい物に優先順位をつける
⑥収入の10％は大好きなことに使う
コツ❹
自分に合う
節約が○

貯金が続く人	貯金が続かない人
❶ 自動化で手を抜く（サボるところはサボる）	❶ 全て自力でやる（サボれるところもガチる）
❷ サボるために学ぶ（楽に貯金する方法を学ぶ）	❷ 学びをサボる（学びを諦める）
❸ 毎日使うものはケチらない（優先順位を決める）	❸ 全てケチろうとする（優先順位を決めない）
❹ 無理しない	❹ 無理する
❺ 自分に合う貯金法でやる	❺ 他人がやっている貯金法でやる
❻ 貯金の目標と期限を決める	❻ 何となく貯金する（ダラダラ貯金）
❼ 貯金を楽しむ（娯楽）	❼ 貯金に苦しむ（苦行）
❽ 自分の弱さを自覚する	❽ 自分の弱さを恥じる
❾ ご褒美は適度	❾ ご褒美が過度
❿ ルールを決める	❿ NOルール

「意志が弱くて、お金が貯まらない」ってよく聞きますが、
人の意志なんて弱いのがフツーで、
意志が弱くてもできる方法を考えるのがお金持ちです。
「努力」や「我慢」の貯金は続きません

浪費癖がない人	浪費癖がある人
❶ モノが多い≠幸せ	❶ モノが多い＝幸せ
❷ 買い物≠幸せ	❷ 買い物＝幸せ
❸ 運動で憂さ晴らし	❸ 買い物で憂さ晴らし
❹ ストレスを溜めない	❹ ストレスを溜めすぎ
❺ 買ったら店を出る	❺ 買っても店に長居する
❻ むやみに店に行かない	❻ 何となく店に行く
❼ 買い物メモを持参	❼ 買うモノを決めない
❽ 必要な時にネット通販	❽ 暇な時にネット通販
❾ 買い物に行く暇がない	❾ 暇だから買い物
❿ 必要な物を買いに行く	❿ 買う物を探しに行く

どんなにお金を稼いでも、浪費癖があるとお金はまず貯まりません。
ちょっとした日頃の習慣や、思い込みをなくすだけで
浪費癖から卒業できます。
すぐには変わらなくても焦らず、少しずつ習慣を変えてみてください

資産形成に成功する人の特徴

仕事で評価される人の特徴

- 自分の強みを知り、
  得意を活かす
- 笑顔とユーモアがある
- 「スピード」重視
- 苦手なことで勝負しない
- 8割主義
- 体調管理が上手
- 整理整頓が得意
- 粘り強い

継続力がある人の特徴

- 小さく始め、長く続ける
- 小さな成功体験を積む
- 1日3分の「継続」でもよしとする
- 「継続」をゲーム感覚で楽しむ
- 好きなことをやる
- 週1回はしっかり休む
- ご褒美デーを設ける
- 「継続」を生活に取り入れる

目標を達成する人の特徴

- いろいろ試し、
  すぐに結果を求めない
- 粘り強い
- 習慣化する
- 目標を宣言する
- 自分の「強み」を活かす
- 5分の隙間時間を活かす
- 失敗は「前進」と捉える
- 叶えざるを得ない
  環境に置く

今まで海外を含めて、資産形成に成功する人、失敗する人、
どちらもたくさん見てきましたが、
ビジネスや資産形成に成功する人は、同じような特徴を持っていました。
そんな人たちの特徴を真似るだけで、お金は自然と貯まりやすくなります

資産家の倹約エピソード

❶ ビル・ゲイツ
資産14兆円

飛行機はエコノミークラス

❷ ウォーレン・バフェット
資産15兆円

330万円で購入した家に
64年間住んでいる

❸ マーク・ザッカーバーグ
資産9兆円

クローゼットには、
Tシャツとジーンズばかり

❹ チャーリー・アーゲン
DISH NETWORK会長

毎日サンドイッチを作って
会社に持参

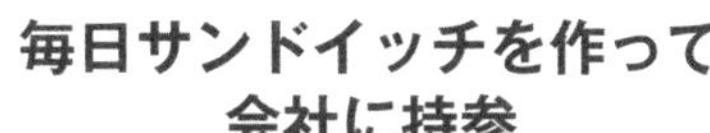

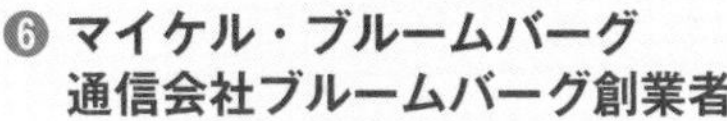

❺ アジム・プレムジ
IT大手WIPRO会長

飛行機はエコノミークラス、
車は中古車

❻ マイケル・ブルームバーグ
通信会社ブルームバーグ創業者

仕事の靴は10年間、
革靴2足のみ

出典：THE WORLD'S REAL-TIME BILLIONAIRES（Forbes 23年）、BUSINESS INSIDER、他
＊換算レート137.96円（2023年5月21日時点）

紀元前のローマで活躍したキケロ（政治家、弁護士、文筆家、哲学者）は、
「倹約は大いなる収入である」といったとか。
つまり、倹約は一種の収入なのです。お金に好かれる人は
無駄遣いをせず、価値あるものにはド～ンと使います

介護のお金に困らないために

親が元気なうちに聞いておこう

❶ 銀行通帳

どこに保管してるの?

❷ 銀行の暗証番号

銀行口座はいくつ?
暗証番号は?

❸ 届出印

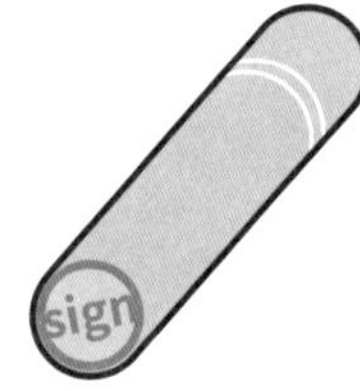

どこに保管してるの?

❹ キャッシュカード

どこに保管してるの?

❺ 定期預金の解約

今のうちに解約して
(認知症になると解約が困難に)

❻ ポイントの有無

今のうちに使うかマイルに変えて
(ポイントは相続不可、マイルは相続可能)

親とお金の話をしていますか?
親が突然倒れたりして、急にお金が必要になることもあります。
そのとき、たとえ親の介護のためでも、親のお金を簡単には引き出せません。
そのときに困らないためにも、親が元気なうちに事前に確認しておきましょう

ねこみちが捨ててよかったと思うモノ16選

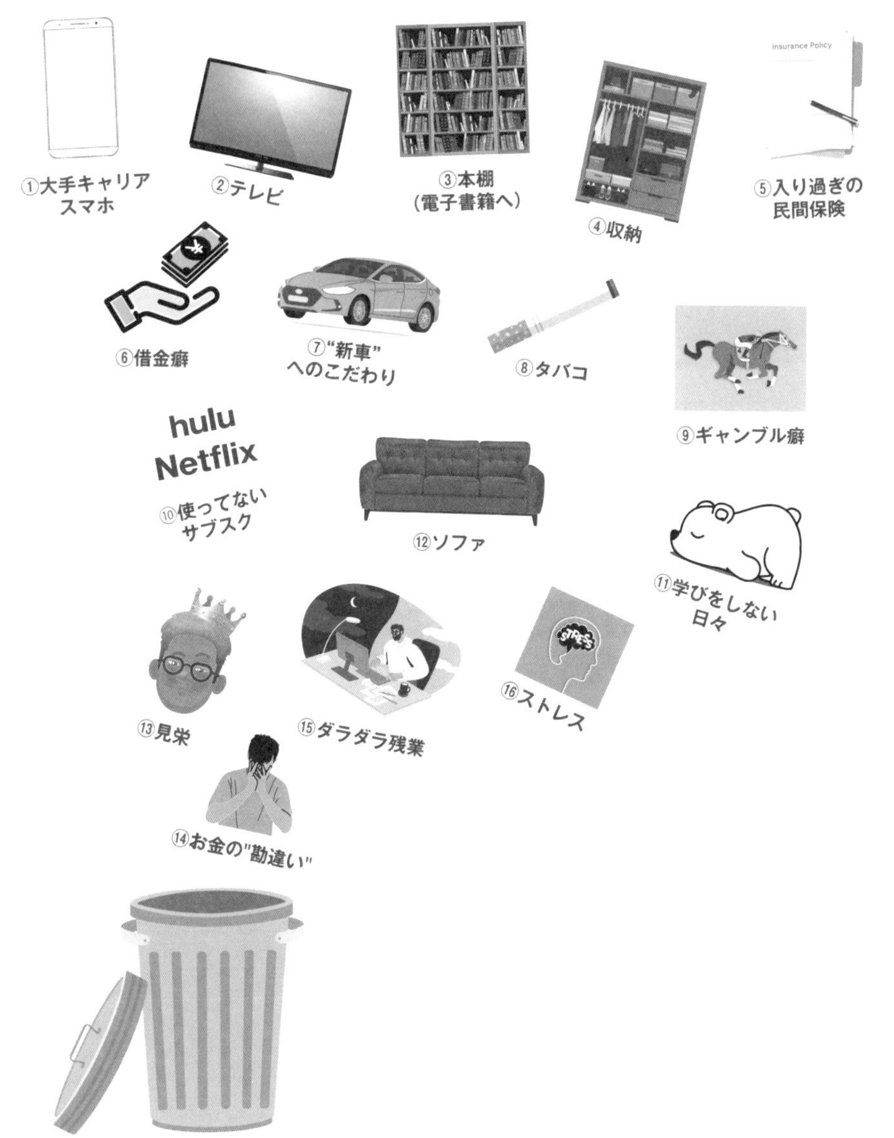

①大手キャリアスマホ
②テレビ
③本棚（電子書籍へ）
④収納
⑤入り過ぎの民間保険
⑥借金癖
⑦"新車"へのこだわり
⑧タバコ
⑨ギャンブル癖
hulu
Netflix
⑩使ってないサブスク
⑪学びをしない日々
⑫ソファ
⑬見栄
⑭お金の"勘違い"
⑮ダラダラ残業
⑯ストレス

お金を貯めるために試してよかったのが「モノを捨てる」こと。
「モノを捨てる」と、不思議と人生は変わります。
簡単にできるのに効果は絶大です。
思い切って「モノを捨てる」。ぜひ試してください

著者

ねこみち

大手メーカーで経理マンとして17年勤務。お金の知識はそこそこあるにもかかわらず株で大失敗、貯金が苦手という自身の経験をもとに、「楽しく、分かりやすく、お金が学べる」をテーマにした図解をTwitterで毎日発信。ユーモアを織り交ぜながらお金を貯めるコツを伝えている。お金の図解の発信開始から約1年半でフォロワー数は約7.5万人（2023年5月31日現在）。

2000万円貯めるための「攻め」と「守り」のお金の図鑑

2023年7月13日　初版発行

著者　ねこみち
発行者　山下 直久
発行　株式会社KADOKAWA
〒102-8177
東京都千代田区富士見2-13-3
電話 0570-002-301（ナビダイヤル）
印刷所　大日本印刷株式会社
製本所　大日本印刷株式会社

●お問い合わせ
https://www.kadokawa.co.jp/（「お問い合わせ」へお進みください）
※内容によっては、お答えできない場合があります。
※サポートは日本国内のみとさせていただきます。
※Japanese text only

定価はカバーに表示してあります。

ISBN978-4-04-606316-8 C0033